智元微库
OPEN MIND

成 长 也 是 一 种 美 好

在人际关系中成长

成长

拥有受益一生的高质量关系

GROW UP

IN RELATIONSHIPS

胡慎之 著

人民邮电出版社

北京

图书在版编目（CIP）数据

在人际关系中成长 ： 拥有受益一生的高质量关系 /
胡慎之著. -- 北京 ： 人民邮电出版社，2021.5（2024.1重印）
ISBN 978-7-115-56307-1

Ⅰ．①在… Ⅱ．①胡… Ⅲ．①人际关系学 Ⅳ.
①C912.11

中国版本图书馆CIP数据核字(2021)第058639号

◆ 著 胡慎之
　　责任编辑 张渝涓
　　责任印制 周昇亮
◆ 人民邮电出版社出版发行　　北京市丰台区成寿寺路 11 号
　邮编 100164　　电子邮件 315@ptpress.com.cn
　网址 https://www.ptpress.com.cn
　涿州市京南印刷厂印刷
◆ 开本：880×1230　1/32
　印张：7.75　　　　　　　　　　2021 年 5 月第 1 版
　字数：180 千字　　　　　　　　2024 年 1 月河北第 3 次印刷

定　价：59.80 元
读者服务热线：（010）81055522　印装质量热线：（010）81055316
反盗版热线：（010）81055315
广告经营许可证：京东市监广登字 20170147 号

目　　录

第一章
从与自己相处开始

有过创伤体验的人，该如何建立正常的亲密关系

案例 1-1

我是一个自我价值感偏低的人，会把别人的正常行为举止看成对我不利的做法，会在心里过分放大别人的行为举止对我的伤害。我目前单身，之前谈过几段恋爱，每次都因为这个问题结束关系。我很想问问：自我价值感低的人应该怎样进行自我疗愈并建立正常的亲密关系？

(引自一位 29 岁男士的自述)

问题的产生

该案例提出了一个非常好的问题，相信很多人在亲密关系中都遇到过这一问题并且感觉很棘手。现在先来研究一下这个问题是如何产生的。

首先要明确一点，自我价值感偏低不会让人把别人的行为举止看成对自己不利或伤害自己的行为。案例 1-1 中这位朋友的表现更像是创伤后应激障碍。所谓创伤后应激障碍，就是一个人在遇到某些事的时候，误以为曾经经历的创伤事件再次发生了，于是采取一些自我保护的措施。举个简单的例子，一个孩子如果经常被爸爸妈妈暴力对待，就会自然而然地产生一种自我防卫反应，长大以后，一看到陌生人甚至关系比较亲近的人朝他举起手，就会蜷缩起身体或抱住自己的头，甚至直接攻击对方，以保护自己。他不会认为对方举起手只是想挠痒或拥抱他，而只会认为对方想攻击他，并因此产生自我保护的行为。

案例 1-1 中的这位朋友就在几段亲密关系中做出了类似

的反应。每次认为女朋友可能伤害他时，他都会先采取一些措施进行自我保护。有些经历过分离创伤的人，一旦在亲密关系中发现对方好像要离开他，就会直接切断这种亲密关系，抢先离开对方。比如，接连打了几个电话对方都没接，他就会认为对方在冷落他或者要离开他，进而可能会产生以下两种反应：一、非常害怕这种失联的状态，想尽快与对方取得联系，于是拼命给对方打电话；二、挂断对方打回来的电话，对对方不理不睬，甚至直接提出分手。这些都属于自我防卫反应，目的是保护自己的心，使之不再受伤。

如果总把自己看成受害者，就会把所有人都当成施害者，也就是说，只要认为自己是受害者或曾经是受害者，人们就会在人际关系尤其是亲密关系中把对方当成可能伤害自己的人，拼命寻找对方伤害自己的迹象。那么，这种受害者心理是怎么形成的呢？

幼年创伤性体验

在很多情况下，伤害都来自一个人幼年时父母尤其是母亲对自己的态度。无论男性还是女性，都会在亲密关系中重复幼年时自己和母亲的关系，尤其是和母亲的依恋关系。

一个人如果在成长过程中经常被母亲忽略，就可能对被忽略的感觉特别敏感。在亲密关系中，一旦发现对方不经意间忽略了自己，或是没有做出积极的回应，其内心就会产生特别强烈的恐惧或愤怒。

一个人如果在成长过程中经常遭受指责，就会觉得自己不够好甚至很糟糕，日后就会对这种指责性言语特别敏感。一旦在亲密关系中被对方指责，会认为自己非常糟糕，同时也会判定对方是坏人，正在伤害自己。

在成长期间经常被嫌弃同样会让人对被嫌弃的感觉格外敏感。在亲密关系中，若对方表现出不屑、冷漠、嫌弃或否定，这个人就会表现出暴怒的状态，那种暴怒状态会让其感觉自己拥有了强大的力量和掌控感。其实，这种暴怒背后是一种无力感，或者说是深深的挫败感。

在成长期间得不到足够的关注也属于创伤性体验。如果母亲一直活在她自己的世界里，或是一直处在比较忧伤甚至抑郁的状态中，不及时给予孩子需要的反馈，不对孩子的情感诉求做出良好的回应，有时甚至连孩子的基本生理需求也不能马上满足，就会让孩子感到恐惧和不安。当然，在更多的情况下，母亲之所以对孩子不够关注，是因为母亲比较自以为是或自恋。这种母亲不是按照孩子的实际需要来满足他们，而是自己认为孩子需要什么，就强迫孩子接受自己提供的一切。这种做法同样会给孩子造成创伤性体验，影响孩子成年后的亲密关系。

有过上述创伤性体验的人，成年后都有可能在亲密关系中去寻求幼年未被满足的一切，或者寻找一个能悉心照顾自己的人，这个人与自己的母亲时常忽略自己的状态截然不同。于是，不难发现，恋爱中的男女经常会退行，也就是通过退回到幼年时原始、幼稚的行为方式来降低焦虑以启动自我保护的心理防御机制：我要回到幼年时，让自己未被满足的一切得到满足，我必须让自己满足；我特别渴望对方能满足我一直压抑的诉求或需求，好像只有这样我才能感觉对方是爱我的，才能证明自己是被爱的。案例 1-1 中这位朋友的亲密关系就是如此。处在这种关系中的人，只是在不断重复过去的经验或体验，而对方是谁可能并不重要，这样的人只是将对方看成自己投射的一个对象而已。那么，要如何改变这种状况呢？

几个认知偏差

在谈到如何做出改变之前，我想先向大家介绍我自己的故事。

我的母亲是个非常容易焦虑的人，经常陷入抑郁状态。由于我的父亲经常出差，她一个人要带两个孩子，但她相当负责，对孩子特别好。她也常常为此忽略自己的需求，这会让她感到情绪低落，总是一副很不开心的样子。孩子天生爱母亲，我当然也很爱自己的母亲，总会想方设法让母亲开心一些。我从很小就开始帮母亲分担家务，关注她的情绪，猜测她有什么需要。如果我自己有什么想要的，也会尽量压抑。我一直表现得很听话，可惜不管我做什么，母亲还是经常表现出不开心的样子，这让我感到深深的挫败。当然，这些细节都是后来我和心理咨询师一起讨论后才慢慢回想起来的。

长大以后，我在寻找亲密伴侣时，总是有意无意地寻找跟母亲相似的人：表情忧郁，看起来很不开心。我会给我的伴侣买礼物，用各种方式对她好。只要她露出开心的表情，我就会产生满足感和价值感。发展到后来，只要看到对方的表情中带着悲伤或忧郁，我就会觉得特别着急，会想尽办法让对方开心。不过，我的办法并不是都能奏效。如果最后对方还是不开心，我就会有强烈的挫败感，感到特别难过。有一次，这种挫败感和难过让我对女友发起了脾气。原本我一直无法接受女友在我面前哭，可那一次，她不仅在我面前哭了，还是因为我对她发脾气而哭的。那次我几乎崩溃，觉得自己糟糕透顶，对她毫无价值，甚至觉得她即将离我而去，喜欢上别人。我这种体验和案例 1-1 中这位朋友体会到的"会在心里过分放大别人的行为举止对我的伤害"是一样的，这其中实际上存在以下几点认知偏差或逻辑错误。

第一，要明确对方的情绪与我们有关，但并非全部由我们引发。

大家要明白，只有年幼的孩子才会认为对方所有的情绪都是自己引发的。母亲脸上露出悲伤的表情，可能只是因为她和父亲吵架了或是其他什么原因。但孩子不会这样认为，他们会认为母亲的悲伤是由自己引发的，自然而然地把责任全都揽到自己身上。如果母亲能明确地告诉孩子："一切与你无关，妈妈不开心是因为别的事情"，那么孩子才能真正意识到母亲的情绪和自己没有太大关系，只是其他事情让母亲不开心了。如此，孩子的内心就能建立起和母亲之间的边界感。

武志红老师说过，男性谈恋爱其实多数时候就是在找一个妈，而且找的这个妈与自己幼年时的母亲非常相似。当然，他们也可能找一个与母亲完全相反的女人，但相处时间久了就会发现这个与母亲很不一样的女人越来越像自己的母亲。这时，他们会感觉非常懊恼或恐惧，不知道对方怎么会变成这样。其实，所有关系都是双方互动的结果。在关系中反复与对方互动，就是为了影响她，最终把她变成自己想要的样子。这是人内心一直迫切想要达成的愿望。如果没有意识到这一点，那么在发生矛盾后就会把责任全都推到对方身上。

第二，要明确我们有时会在亲密关系中寻找一种融合的感觉。

所谓融合的感觉，就是不分你我。这有什么好处呢？比如一个婴儿，母亲要随时随地关注他的所有情绪，会想办法满足他的一切需求。不分你我就类似于婴儿和母亲的共生状态。在这种状态下，自己所有的需要对方都能觉察，有些东西即便我不说，对方也能知道。这就是一种融合或共生的状态。为什么这种状态会如此吸引我们呢？因为我们对他人不够信任，所以就想用自己的能力控制对方，把对方变成理想中的那个人，那个人会时刻关注我们。好像只有在这种状态下，我们才能感觉自己是被爱的。

第三，要明确自我价值感偏低完全是另外一种状态。

自我价值感偏低的人可能会觉得自己不够好，觉得自己得不到他人的爱，甚至觉得自己根本不值得被爱。即便如此，自我价值感偏低也不该成为破坏亲密关系的理由。不妨重新定位一下自己，既然对方愿意和你建立亲密关系，就意味着对方已经接受了部分真实的你，在对方心目中或生活中，你虽然并不是那么完美，但已经是男一号或女一号，这样的认知完全可以抵消一部分自我价值感偏低的感觉。另外，人们不会主动伤害一个对自己很重要的人，只要彼此成了对方生命中重要的人，双方就会好好爱护彼此。如果你经常感觉自己被伤害或认为对方可能会伤害自己，不妨利用这一认知消除内心的焦虑和不安。

很多时候，我们对外界和他人的猜测，其实与实际情况并不相符。如果经常习某种臆想的方式看待这个世界，就会陷入一个自己想象中的封闭世界，一个让自己感到恐惧的世界。我们每个人都应该抛弃这种看待世界的方式。

建立正常亲密关系的技巧

下面根据以上几点对认知偏差的分析来解决案例 1-1 中的问题：自我价值感低的人应该怎样进行自我疗愈并建立正常的亲密关系？

第一，在和对方建立亲密关系时，不妨把自己的恐惧告诉对方。

所谓恐惧，就是个人特别在意的东西或特别敏感的方面。两个人刚开始恋爱时，就该把这些告诉对方，并说清楚自己为什么会变成这样。如此一来，对方就有可能对此予以接纳、包容。

第二，尝试和对方分享秘密。

比如当对方不接电话时，自己会特别害怕。但出于面子或自尊，你可能不愿向对方暴露这种秘密。其实，如果能够坦诚地和对方分享这种秘密，往往可以换得对方更真诚的回应。在亲密关系中真诚地互动有助于建立对彼此的信任。

第三，要能主动且非常自然地表达自己的诉求。

注意只是表达自己的诉求，不要附加任何指责。即便诉求得不到满足，也可以这样理解：这不代表对方不愿满足这些诉求，对方可能无能为力。这时可以重新审视自己的诉求是否合理。如果认为诉求合理，则向对方表达诉求并设法得到满足，如此便可体会到对方值得信任，双方会更加亲近。如果认为诉求并不合理，就要问问自己为什么会有这种不合理的诉求，是否要坚持这种诉求并向对方表明立场。你要审视自己，是不是把对方看成了一个无所不能的人，既要马儿跑，又要马儿不吃草？在表达诉求前，一定要先明确诉求是否合理。

利用上述技巧并非为了确认自己是否会被对方伤害，而是为了从对方的积极回应中得到满足与愉悦，建立互相信任的关系，并逐渐确定这种关系是安全的，相信自己是对方生命中很重要的人。只有这样，我们才能逐渐消除亲密关系中的恐惧，才能避免一味地在亲密关系中寻找可能存在的伤害性体验。如果内心总担心别人会伤害自己，就会时刻在他人面前表现得惴惴不安、小心翼翼，这样，让你害怕的事情反而极有可能发生。

内心孤独的人怎样建立正常的人际关系

案例 1-2

我已婚未孕，是一名设计师。曾有三位同事对我做出相似的评价，大意是说我搞不好人际关系，不会巴结领导，没有资源，所以和组里其他同事比起来，我只有一条出路，就是低头干活，使劲干活。得到这样的评价，我很受打击，原本还想与同事们好好相处，搞好人际关系，现在却只想倔强地、孤独地走自己的路。可是我的内心又很害怕孤独。我想问问：什么是依赖？什么是人格独立？怎样才能建立正常的人际关系呢？

（引自一位 35 岁女士的自述）

孤独与愤怒

看到这位女士的问题，我脑海中浮现出一幅画面：一个人垂头丧气地走在小路上，周围的人都只有模糊的影子，像是一幕朦胧的电影画面。突然这个人冲着周围的人大喊大叫，但根本没人理睬。周围的人好像都是静止的，只有这个人在走动；周围的人又好像是活动的，只有这个人静止不动，而且是黑白的。这就是我看后的感受。

从她的陈述中，我体会到极为强烈的愤怒："得到这样的评价，我很受打击，原本还想与同事们好好相处，搞好人际关系，现在却只想倔强地、孤独地走自己的路。"说出这些话时，她好像突然就把自己和周围的人对立起来了，而且这种对立关系中充满愤怒和对其他人的强烈排斥。从逻辑层面分析，她的心理其实是这样的：你们伤害了我，所以我不想再理你们，我想走自己的路，虽然走得倔强又辛苦，但我就是要这样走给你们看；现在周围的世界都与我无关，对我来说，这原本也不是一个多好的世界，里面有很多对我的负面评价；这个世界让我很受伤、很失落，让我的内心十分孤独。

我非常认同著名作家张德芬的一句话："亲爱的，外面没有人，只有你自己。"案例1-2中这位女士的情况就是如此：外面没有人，只有她自己，外面的世界似乎都与她无关。在这样的处境中，任何人都会对建立、改善人际关系失去信心和兴趣，不愿再付出努力。

什么是依赖，什么是独立人格

现在来看看这位女士提出的问题。首先，来明确一下，究竟什么是依赖，什么是独立人格。一个人拥有独立人格，就不会产生依赖的感觉。所谓依赖就是一个人不需要付出多大努力，他人就应该直接给其想要的一切。无论精神上的依赖还是生活上的依赖，都是这种感觉。

生活上的依赖就是对生活没什么责任感，一切都由别人安排好了，自己什么都不用做。"脖子上挂大饼"的故事很多人都不陌生，那张大饼就在脖子上，主人公却连转动一下大饼都不愿意，活活饿死。这是一种非常极端的生活依赖，一个人在生活上如此依赖别人，就会对生活缺乏责任感，不愿意对生活、对与他人的关系付出任何努力或发挥任何作用。

精神上的依赖就是精神方面的所有愉悦感都要由别人来实现。比如独自待在某个地方感到害怕时，就该有一个人马上出现，用各种方法来哄我，安慰我。又比如一个人睡觉特别害怕时，就该有人时时刻刻关注我，不让我沉浸在恐慌中。此外还有一种精神上的依赖，就是我的一切都来自别人的认同和肯定，假如没有外界的认可，就认为自己一无所有甚至一无是处。

那么，什么是独立人格呢？就是我知道自己是谁，知道哪些事情我自己能解决，哪些事情需要别人帮我一起解决，哪些事情是我的，哪些事情是别人的；我的情绪由我自己来处理，不管是正常的情绪，还是因一些伤害性体验而产生的失落情绪，我自己都可以面对，即使偶尔出现恐慌情绪，我同样也有能力应付。简单说来，独立人格就是我知道自己是谁，能做什么，明白每个人生命中都有自己要做的功课，我的功课只能由我自己完成，其他人只能帮我，不能替代我。

依赖和独立人格本身就存在矛盾与冲突。举一个真实的例子：曾有一位女性来访者，她本身是一位非常能干的女性，却形成了依赖的性格，特别是在生活方面，对丈夫很依赖，并在依赖丈夫、从丈夫处得到满足的过程中体验被爱的感觉。有一次，她的丈夫去美国开会，家里的水管坏了，本来给物业管理公司打个电话就能解决问题，可是她没有，而是习惯性地拿起电话打给了正在美国的丈夫，说家里的水管坏了，让他赶紧想办法修好。丈夫告诉她，你打电话让物业来修理即可。这位女士说，你赶紧打电话给物业，让他们马上来修。这句话就显示了她的依赖性，好像亲自做这件事会打破夫妻关系中她完全被丈夫爱着、照顾着的感觉。亲自做一些事，自给自足，会给这位女性来访者带来挫败性体验，让她好像一下回到小时候的生活状态中：得不到爸妈的悉心照料，无论什么事都要自己亲自去做。这种体验让她感到孤独。

我们为什么会"否定式自恋"

　　网络上曾流行用"哪些事你可以一个人去做"的测试卷来评判一个人的孤独指数，这个测试列举了 13 件事，其中指数最高的是一个人去医院做手术。看到有人独自去医院做手术时，大家的第一反应是什么？是这个人很孤独，无人陪伴，好像身边没有一个人愿意为他做点什么，为他提供帮助。

　　有时，人会特别自怜，觉得自己非常孤独，然后就会倔强地独行，认为其他人都靠不住，一切都要由自己承担。这一刻甚至会有种悲壮的感觉，好像自己是个孤胆英雄。这种悲壮的感觉会让人感到自己特别有力量，这其实就是一种自恋。

　　自恋分为两种：一种是纯粹的自恋，另一种是否定式或否认式自恋。后者类似于"过分谦虚就等于骄傲"：别人给我一些赞扬或鼓励，我总要否定；我只接受自己对自己的评价，而排斥外界一切声音。一旦陷入这种否定式或否认式自恋，人就很容易变得极度自恋。如此一来，这样的人又感觉自己变成了悲壮的孤胆英雄，认为任何事都要靠自己，不能指望其他任何人。其实，这是在用否定式自恋维护自身的完整性。人为什么要这样做呢？原因有三种。

第一，在成长过程中，自我价值从未被他人真正认同过。

如果一个孩子从小得不到任何鼓励，在为一些事情、一种关系投入付出时，也得不到任何肯定，只有为他人牺牲才能拥有自我价值，那他必然会陷入自恋的状态，这种自恋更像是自怜。

第二，在成长过程中，未能建立良好的安全式依恋关系。

什么是安全式依恋关系呢？就是一个孩子独自玩耍时可以很投入，高高兴兴地玩自己喜欢的玩具；和其他小朋友玩耍时，他能和他们做一些很好的互动，从中体验成就感、满足感、愉悦感；看到妈妈回来了，会表现得非常开心，张开双臂投入妈妈的怀抱，并能从与妈妈的互动中得到巨大的满足和喜悦。

可惜这种安全式依恋关系可能在孩子的成长早期就被打破了，变成一种不安全的矛盾式或回避式依恋关系：当妈妈离开时，孩子会觉得妈妈不要他了，他也不再需要妈妈；当妈妈回来时，孩子便对她视而不见。尽管孩子内心特别渴望与妈妈建立良好的关系，但是因为他觉得妈妈伤害了自己，就不愿再和妈妈建立比较亲密的依恋关系，否则妈妈一会儿又走掉了，他又要体验孤独一人的感觉，与其那样，不如不见妈妈。这种回避式依恋就是一种不安全的依恋关系。

案例 1-2 中这位女士的人际关系就属于这种情况：明明自己很想与别人建立人际关系，可一旦遭遇一点小挫折，就会马上退回自己的世界，不愿再理会任何人，而其应对方式就是让自己忙碌起来，使劲干活。可是陷入忙碌只是一种策略，不会给个人的人际关系加分，无法帮自己拓展人际关系。不妨想象这样一种情景：一个妈妈每天拼命干活，孩子就在旁边，他很想与妈妈做一些互动，可妈妈根本不理会他。如果孩子提出一些需求，妈妈会说我正忙着呢。于是，我们就看到了一个拼命干活、感情冷漠的妈妈和一个需求得不到满足、不知所措的孩子。这样的一对母子就像各自处在两个互相隔绝的世界中，两个人的内心都很失落。妈妈可能把孩子当成累赘，或者自己有责任、有义务去照顾的一个人；而孩子可能把妈妈当成一个对自己爱答不理的人，一个拒绝满足自己方方面面需要的人。案例 1-2 中这位女士的人际关系就是这样一种冷漠的、拒绝互动的关系。在这种关系中，拼命干活、感情冷漠的妈妈可能是其他人，也可能是这位女士自己，两种情况并无本质差异。

第三，对他人的评价太敏感。

如果一个人对自己的了解不够清晰，就会更多地关注别人对自己的评价。小孩子往往喜欢讲究对错，因为只有做对的事才能让妈妈更喜欢自己、更爱自己，才能避免被妈妈忽略。为了得到妈妈的关注，孩子会一直努力做"对"的事。而个人对评价的敏感性同样集中于对错，所以这种敏感性很像孩子的这种执着于对错的体验，即个人需要得到别人的认同，需要来自别人的肯定、赞美和认同。只有被他人肯定、赞美和认同，才觉得自己有价值。至于个人对自己的认同，在自我价值感中所占的比例并不高。

不过，要明确一点，每个人对别人的评价其实都带有某种个人目的性，或者掺杂了个人利益。比如有位女性朋友曾向我倾诉，说不知道为什么，很多人都不喜欢她，甚至会说她的坏话，而她根本没有做错任何事。我对她说，你有没有留意到你在人群中更容易受到男性的青睐，说你坏话的却多是女性？她们之所以给你这么低的评价，不是因为你真的很糟糕，很可能是因为她们嫉妒你的外貌或性格，嫉妒你比她们更受异性的喜爱和重视。很多人对别人的评价都带有目的性，评价行为只是为了满足自己的个人动机。太在乎别人的评价，个人就会陷入巨大的陷阱，很难再跳出来。这是一种退行。

曾有一位女性来访者和我讨论过一个问题：有一次，她走在马路上，忽然很不满意自己身上的衣服，然后觉得周围所有人都在看她，都在评价她这件衣服不好。很多时候，我们之所以对别人的评价敏感，正是因为我们对自己的评价即自我评价出现了问题。

如果非常在意别人的评价，当别人的评价让自己感到特别失落时，人的攻击性就可能被激发出来，这是一种很自然的反应。当人的心理需求得到满足时，人会感到爱与被爱；而当需求得不到满足或遭遇一些挫败时，人的内心自然会心生怨恨。而这种怨恨会以攻击的方式表现出来。攻击分为两种：第一种是主动攻击，包括对别人破口大骂，指出别人哪里不好，比如如果别人评价我是傻子，我就评价他是笨蛋；第二种是被动攻击，就是我不理会任何人，不配合，不主动，也不妥协，甚至将所有人都视为恶人。

建立正常人际关系的几个切入点

自恋其实是一种过渡。过渡期间，人们会与他人建立一种关系模式来释放自己的攻击性，其中就包括对他人评价的敏感。人们心里很清楚，这种攻击性和敏感正在阻碍自己与其他人建立关系。经过过渡期之后，就要开始建立正常的人际关系，不妨从以下几个方面着手。

第一，要明白每个人都不完美，但不完美的自己同样能被别人接受。这时，不妨用真诚的方式与自己交流一下。比如我经常对自己说：我不完美，如果别人喜欢我，一定是喜欢现在这个不完美的我；如果他喜欢的是完美的我，那我就要让对方失望了，但这不是我的问题，而是对方的问题。我会用这种方式为自己做心理建设，让自己有勇气尝试拓展人际关系。

第二，如果发现自己内心特别想依赖别人，就告诉自己：作为成年人，我完全可以对自己负责，生活和生命都是我自己的，即使没人帮忙，我也能很好地掌控自己。

第三，如果发现一切自我价值都来自别人的评价，那就要多进行自我评价，努力认清自己究竟是什么样的人。在这一过程中，个人会逐渐意识到别人在评价我们时都带着某种主观愿望、动机和目的，而任何人都无法也无须让所有人满意。我们可以在别人的评价和自我评价之间划出一条分界线，有了这条分界线，就不会再用强烈的愤怒对抗来自别人的负面评价。我们会看清自己和其他人其实都一样，自己并不是一个多么独特的人。这样一来，人就会慢慢倾向于和别人建立一种比较和谐的关系。既然大家都是一样的，在和别人建立关系时，自然就会感觉轻松许多。

第四，要破除内心对别人的不合理期待。生活中有一种十分有趣的不合理期待：在人际关系中，有些人认为所有人都应公平、公正地对待他，否则他们就是坏人。这是一种不合理的核心信念，如果不能将其打破，就会对别人的评价、别人对待自己的方式和态度特别敏感，就会把别人都当成坏人，不愿和他们交往。

第五，如果能保持精神上的独立，就不会对别人产生依赖心理。任何人与他人的关系中一定都包含着依恋关系，有了依恋关系，才会产生人际关系。在人际关系中，人们可以体会人与人之间的互动，得到一些美好的体验，当然也会有一些失落的体验。不过，正是这些零零碎碎又特别实在的体验，刺激着人们不断去建立人际关系，并从中获得存在感。

人在成长过程中难免会经历一些令人害怕的体验，但那些都过去了，现在需要一些勇气，试着靠自己的力量去建立并拓展人际关系，而不是等着别人的帮助。尝试拓展自己的人际关系，这也是对自己负责的重要表现。只有成为对自己负责的人，才能成为真正意义上的成年人和精神上独立的人。别人只能是你人生道路上的辅助，让你的生命更加完整、丰满而已。

如何走出自卑和焦虑

案例 1-3

我一毕业就结婚生娃，现在已经带娃两年半了。我有种脱离社会的感觉，认为自己再进入职场也没什么竞争力，这让我很焦虑。我这段时间感觉自己好像得了抑郁症，脑子里经常冒出一些消极、悲观的念头：我不行，没能力，一把年纪经济不独立，真可怜。我很自卑，自我价值感很低，常常感到恐惧，不敢社交。我非常想活得轻松快乐一点。我要怎么做，才能从自卑、焦虑中走出来呢？

（引自一位 30 岁女士的自述）

两个层面的问题

这个案例存在两个层面的问题。

首先是现实层面。这位女士一毕业就结婚生孩子，没有经历过职场的历练。任何人在这种处境下，都会对再进入社会和职场缺乏自信，甚至会有种被嫌弃的感觉。

其次是心理感受层面。这位女士的自我价值感很低，对自己的评价很负面，比如我不行，我能力不够，我表现不好，等等。经常处在这些负面的自我评价中，人自然会感到失落、挫败或自卑。

既然是两个层面的问题，就要从两个层面来解决。

首先是现实层面。一毕业就结婚生孩子是这位女士主动做出的选择，而非迫于无奈的被动选择。所有被迫接受的选择都会让人感到不满或后悔，显然这位女士不属于这种情况。从另一个角度说，毕业后进入职场或进入婚姻家庭，她的选择一定符合她当时的心态或情境，不过是一种选择而已，没有好坏、对错之分。可是她内心似乎把当初的主动选择看成被迫接受，好像是一种很无奈的结果。但在我看来，两种选择都是个人的主动选择，任何选择都会对应一定的结果。如果这位女士选择进入职场，她可能会拥有一份比较好的工作，而她没有进入职场，但拥有了一个可爱的孩子和做母亲的宝贵经历，所以这位女士之所以感到自卑、焦虑，原因并不在于她的选择。

其次是心理感受层面。自我价值感很低是一种现象，而非一个问题。真正的问题是如何应对自我价值感低这种感觉。自我价值感越低的人，越渴望变成理想中的自己，或者说渴望自己能变得尽善尽美。

三个自我

心理学上有三个自我：社会自我、镜像自我和理想自我。处在成熟状态中的人，这三个自我是无限接近的。

社会自我是指什么呢？抗拒社交的人无法从朋友或其他社交对象处得到对自己的判断、评价或反馈。而不断参与社交活动，就能不断接收来自他人对自己的反馈。如此，个人就能对自己做出相应的判断，较为全面地了解社会自我。

理想自我比较好理解，越是自卑的人，越渴望自己能成为理想中的自己，甚至希望自己无所不能、完美无缺。这有点类似于处境艰难的人总幻想着一夜暴富，盼着天上掉馅饼。童话中卖火柴的小女孩在饥寒交迫、随时可能失去生命时，头脑中就产生了幻觉。在极端恶劣的环境中，人会用这种方式来保护自己。有时人会特别渴望自己是全能的、完美的，因为这样才能抵消当前的挫败感和无力感。

最后来理解镜像自我。镜像自我被解释为人与人之间互为镜子。比如看到一个比较优秀的人，我们会折射出自己，然后可能觉得自己不如对方。有些人可能会把镜像自我理解为一种比较，其实这是人的正常需求，任何人都有这种需求。如果知道自己是谁，或者能接受自己完全真实的状态，就不需要经常从别人的镜子里来看自己。镜像自我能让人们成为更好的自己。这有点类似于一些男孩在失恋后觉得女孩不喜欢自己是因为自己不够好，因而产生了一种奋发向上的动力，要让自己变得更优秀。这些人好像从失恋中汲取了某种能量，努力变成更好的自己。由此可知，自我价值感偏低真的不是什么大问题。

自怜和自恋

有些人会用自我价值感低为自己的行为开脱，比如自己为何遭受挫折，为何不采取行动，为何不去社交，为何不进行人际互动，等等。这是在把自我价值感低合理化。自怜也是如此。此处的自怜，其实是一种自恋的状态。自恋有两种状态：一种是觉得自己什么都可以做，所有人都不如我；另一种是觉得自己什么都做不了，把一个无能的、糟糕的形象投射到自己身上，自己可怜自己，这种自怜其实正是自恋的表现，这种类型的自恋被称为否定式自恋。一定要打破这种否定式自恋的心态，而打破它唯一的方式是接受自己目前最真实的状态。

在遭遇一些比较严重的挫折时，我也会在内心怀疑自己，或者觉得自己很可怜。这时，我明白自己又在自恋了，这是一种不健康的心理状态。每当这时，我就会对自己说：我已经躺在地上了，别人怎样对我是别人的事，反正我不能一直躺着，我得站起来。在这个过程中，我不再考虑自己，不再考虑自恋的感受，只考虑如何站起来的问题。只有打破这种自恋，我们才会真正地面对问题，思考应对方法并采取行动。

一个人如果在这种自恋或自卑、自怜的状态中陷得越深，就会越渴望成为完美的自己，幻想着某一天自己以完美形象出现，所有的社交和人际互动都变得特别美好，就像丑小鸭一下变成了白天鹅，生活自此变得非常顺畅，自己也将充满自信。

可是，人的自信究竟来自何处呢？来自各方面的认知与能力的提高。只有这样建立的自信才是健康的。这需要一个试错的过程，包括在一些社交关系、交流或行为中承受适度的挫折。这是很自然的，就像学走路一定会摔跤，学游泳一定会呛水，学跳高可能会受伤，纯粹是一种自然、规律的状态。如果太在意挫折，或者太在意试错过程中出现的不完美，就可能被制约或限制，错过不断尝试的机会。这种机会也被称为社会检验或现实检验。

如果特别在意自怜的感受，特别害怕失败，或遭遇一点挫折就变得小心翼翼，把周围所有人都看成可能让自己受挫的人，那么与他人的关系就会变得对立甚至敌对，就会抗拒与他人交流，也就不能从他人身上得到任何支持。

案例 1-3 中这位女士在为自己的经济不独立而自卑，但生孩子是生命中的一个重要过程，她无法做到在生育孩子的同时又能经济独立。那样要求自己未免太苛刻了。她之所以对自己有这样苛刻的期待，很可能是因为她以往的成长经历中有一些挫败性或创伤性的体验。比如，在她幼年时父母对她要求比较苛刻，或者经常否定她。她认同了父亲或母亲对自己的苛刻态度，然后以同样的态度对待自己，又时常觉得自己特别可怜。在内心深处，她其实对自己很冷漠，一个对自己如此冷漠的人对身边人很可能也比较冷漠，并且认为身边人对自己同样冷漠。一个人如果处于这样的状态，又在经济上或情感上依赖别人，就会因这种依赖而产生恐慌感或羞耻感。这就是为什么这位女士会因为自己经济不独立而产生强烈的不安。如果她能把丈夫当成自己的支持者，相信他会支持自己度过生育孩子这一过程，那她就能体会到丈夫对自己的支持，而不是发自内心地觉得经济不独立、依赖别人很羞耻，应该被指责。

几点建议

对于这位女士，我有以下几点建议。

第一，正确看待得与失。只关注"得"和只关注"失"是两种完全不同的生活态度。如果总把关注点放在失去的方面，就会变得比较消极，产生一些负面的体验，毕竟失去往往意味着悲伤和失落。如果把关注点放在"得"上，就能收获更多满足的体验。以这位女士为例，她失去了一些工作机会，但是得到了一个可爱的孩子和为人母的经验，这些都是非常宝贵的人生财富。

第二，不要太在乎自我价值感低这件事。这真的不是什么问题，也不是自身的错，不用为此感到羞耻。自我价值感低，主要是因为自身的经历，更多的是由成长环境而非自身原因造成的，不该把责任都归于自己。而且自我价值感低是可以改善的。如果觉得自己正处于这种状态中，不妨先完全接受它，然后通过不断肯定自己、认同自己、安抚自己，继而慢慢改善这种状态。

第三，直面内心的恐惧和焦虑。内心充满恐惧和焦虑的人，会不断在周围的世界发现令人不安的事，终日忧心忡忡。这时，不妨直面那些恐惧和焦虑，逐渐摆脱忧心忡忡的状态。即便一时无法摆脱也无关紧要，处在这种状态下同样可以正常生活，不必等到所有恐惧和焦虑都消失后再做其他尝试。人不可能毫无焦虑，但可以把焦虑控制在自己相对能承受的范围内。况且焦虑有时也能变成强大的动力，促使人们采取行动，多与外界社会接触。一味逃避社交的人更应直面恐惧和焦虑，突破这种逃避的模式，否则将一直被封闭在自己的世界里，生活会因此缺乏很多经验，而缺乏经验又会让自己更加没有信心。如此恶性循环，最终导致习得性无助，给自己套上另一种枷锁。如果能打破这种状态，积极参与社交，即便内心带着一些不确定和担心也没关系，甚至可以直接在社交中表现出这些不确定和担心，要相信周围的人能理解和包容我们。如果能做到这些，就能得到接受社会检验或现实检验的机会，从而慢慢摆脱固有的行为模式。

第四，对外界和他人保持好奇心。不要只在意自己的感受，始终活在自己的世界里，要对周围的人和事始终保有兴趣，从自己的世界里走出来，真正与外界接触和交流。

不要一直困在自恋或自怜的状态中，我们不是渴望被人搭救的孩子，要承认自己是成年人，尽管现在有些问题让我们感到困惑，但是没关系，我们可以带着这些问题继续生活，面对问题，慢慢解决问题。最终，我们会找到一种全新的方式去应对这个世界，收获真正的快乐和满足。这才是成年人最该做的选择。

"不愿承认自己好"是一种可怕的人生模式

案例 1-4

我在重男轻女的家庭中长大，有一个争强好胜的哥哥、一个脾气暴躁的爸爸和一个焦虑顾家的妈妈。我很小的时候，就非常懂事，十分独立。在物质方面，我还算比较富足，但在精神方面，我很少得到爱和关注。爸爸基本不管家里的事，妈妈经常皱着眉头对我说你应该怎样做才会更好。她很少夸奖我，只会盯着我的不足，要求我改进、改进、再改进。比如我考了 80 分，她却只关注我丢掉的 20 分。她甚至会要求我做大人都做不到的事，而且还要求我必须做好。在这种环境中长大的我，很擅长也很"乐于"自我否定，总认为夸奖和肯定和我一点关系都没有。

由于从小受到的关注和夸奖比较少，长大以后每次被人夸奖，我都会受宠若惊，形成了一种奇怪的模式：发表自己的看法时，如果中途受到别人的夸奖，我会马上懵掉，明明才说了一半的事情一下找不到主线了，整个人迷迷糊糊的，再也说不清楚了。每到这时，我都会感觉自己体内有股力量想要对抗别人对我的肯定和认可，甚至还会萌生出一种"毁掉它（肯定）"的想法，跃跃欲试地想把事情搞砸，以便证明"我并没有那么好"。做事情时，我也会这样，明明前一天一切进展顺利，第二天就会故意找"刺"，好像非要找个理由让自己受到责备一样。

这种不愿意承认自己好的模式经常出现在我的生活中，每次的表现形式都不太一样，但都是换汤不换药。我很想知道怎样才能破除这种模式，怎样才能给自己更多的认同和肯定。

（引自一位 32 岁女士的自述）

"否定式自恋"与"核心自我价值"

看到这个案例，我能感到这位女士的内心特别纠结，在生活中不断挣扎。在人际交往方面，她肯定特别孤单，觉得这个世界并不美好，而且会经常自责，有时甚至会感到特别羞耻。下文会详细分析这个案例，希望能给这位女士和有过类似遭遇的朋友们一些帮助。

首先，这位女士的确是个非常自恋的人。人们通常认为自恋就是经常说自己很漂亮、很出色、方方面面的能力都很强。其实自恋还有一种类型，就是上文提到的否定式自恋。如果一个人对自己的评价全是否定的，固执地认为自己是一个不好的人，或者是一个对别人没有好处的人，而且固执地坚持这种评价，那么他就处于自恋的维度。一个人如果长期处在自恋的维度中，对其他人漠不关心，只对他人对自己的态度、方式、看法、表情感兴趣，在和他人建立的关系时，就不可能有另外一种关系维度，也就是客体关系维度。而只有在客体关系维度中，才能真正与他人连接。

　　当然，一个人处在自恋的维度中并不是他的错，也不是他故意为之，这和他的成长经历密切相关。比如有些在重男轻女的家庭中长大的女孩，可能经常看到家人皱着眉头露出很不满的表情。这时，她就会感到自己给家人带来了麻烦，如果在成长过程中不断产生类似的感受，核心自我价值就会不断受到不良影响。如此形成的核心价值将会影响她的一生。如果始终没有意识到这种核心价值是如何形成的，必然会产生这样一种体验：我是一个没用的人，只会给别人添麻烦，成为别人的累赘。

　　在人际交往中，很多人喜欢讨好、取悦别人，或经常责怪自己，或不断强调自己对他人的付出。这些做法都是因为他们的核心价值比较低。一个人如果核心价值比较低，就会寻求一种深层策略，尽可能让周围的人都对自己满意，或者为周围的人提供更多价值。以案例 1-4 中这位女士和她妈妈的关系为例，妈妈不断向她提出要求，而她经常发现自己心有余而力不足。即使她意识到妈妈对她的要求非常苛刻，也依然会为自己的无能为力感到自责或愧疚。因为任何人在她的处境中，都会认为别人对她提出的一切要求都是合理的，并且认为如果满足不了别人的要求就可能受到一些惩罚，比如被人忽略或抛弃，这是相当可怕的。

自我封闭状态和"侵入性体验"

对一个婴儿来说，如果其他人尤其是妈妈能积极满足他的需要，那这个世界就是安全的，婴儿就能体验安全感。可是如果一个人从小就不断被大人要求做各种事，就会觉得这个世界是一个不断索取的世界。而且如果他在成长过程中经常无法满足别人的要求，就会产生一种非常无力且恐慌的感觉。这种感觉可能会如影相随，从婴儿时期到幼儿时期，从童年到成年，甚至伴随一生。

这样的人会发现上述模式一直在自己的生活中发挥作用，但又不知怎样才能改变。与此同时，内心又觉得一定会有某种方法可以改变这一切，所以案例 1-4 中的女士才会选择咨询，寻求专业人士的帮助。这就好比很多人一遇到事情就会问别人我该怎么办，或你认为我该怎么办。这其实也是一种模式，即总在对身边人尤其是对妈妈察言观色，特别渴望依赖妈妈，得到妈妈的保护和满足。在这个过程中，人会不断揣摩妈妈对自己的要求，判断她是个好妈妈还是坏妈妈。好妈妈会让我们满足，坏妈妈只会一味地提出要求，而忽略孩子的感受。很多人内心始终对好妈妈充满幻想，甚至会想象出一个好妈妈，用那样的形象投射向周围所有人，包括朋友、亲密伴侣甚至陌生人。他们总在想，好妈妈会积极满足我的需要，不会对我提出任何要求，会无条件地爱我，对我好，会不断地夸奖我，那样才是真正的好妈妈。他们会用某个臆想的形象去投射他人，对他人产生期待。这种期待很不合理，最终的结果往往是失望：被他人责怪、成绩被否定、表现不被认可等。这种失望会让他们再次陷入坏妈妈对待孩子的模式，很多人际关系也会随之进入这种状态。这种人际关系根本无法滋养一个人的成长，于是，他们在人际关系中一再退缩，与其他人隔离开。就这样，人会逐渐把自己封闭起来，过度保护自己，然后变得越来越自恋。

处在这种封闭的自恋状态中的人，讲话时突然被打断或突然得到别人的赞美，对他来说其实是一种侵入性体验。无论别人说了什么，都会在刹那间与自己建立一种关系。虽然这种关系可能只是暂时的，却会让人不知所措，因为他的自我封闭状态被对方打破了。接下来，他会不断留意对方对他的态度，讲话时就会分神。就像演讲者总在留意下面听众的眼神或反馈，自然没办法顾及自己演讲的内容。情绪焦虑、要求苛刻的妈妈经常会给孩子造成这种侵入性体验，比如孩子正在玩玩具或做某件事，妈妈突然冲进来说他做错了，指导他应该怎样做。讲话时突然被人打断就好像焦虑、苛刻的妈妈又冲进来了，他可能会被吓一跳，不知所措，好像处于年幼时呆呆地看着妈妈的状态。

"妈妈"的内化

为什么这些孩子始终无法跳出妈妈的影响？这是因为他们的核心价值比较低，而妈妈又是如此强势，不断被入侵的体验让他们的内心对妈妈产生了这样一种认同：妈妈对待我的方式可能是对的，这是一种爱的方式。如此，他们会慢慢地把妈妈内化到自己的心里，把自己的一部分变得和妈妈一样。妈妈以何种方式对待小时候的他们，他们就会以何种方式对待自己，像妈妈一样不停地指责、否定自己。同时，他们也会不断地指责、否定、挑剔周围的人和事。就这样，他们把自己变成了另外一个妈妈。可是妈妈给了他们很多不好的体验，他们当然很不情愿成为另外一个妈妈，却无法摆脱对妈妈的评价和妈妈对待他们的方式。

有句话叫"打是亲，骂是爱"，也就是说有些人明明被打了、被骂了，还是觉得双方的关系特别亲近。这是因为，比起被对方忽略、抛弃而引发的恐慌，被打骂至少能和对方建立一种短暂的连接。如果一个人内心非常孤单，就会特别渴望与人建立某种连接。如果人感到特别无助，就会非常渴望能依赖别人。因此，他们会依赖妈妈，依赖妈妈的评价及妈妈对待他们的方式，不管遇到什么事都要由妈妈发表看法，做出评判，提供指导。这种做法其实是在满足妈妈，更重要的是忠于妈妈。为了维持这种忠诚，他们甚至会在一些事情做得很顺利时故意搞砸，重新把自己变成妈妈眼中那个糟糕的自己。

其实，从和妈妈的关系角度来看，他们故意把很多事情搞砸也是在表达对妈妈的愤怒：你看，我在用自己的失败证明你的失败，你不是一直希望我变成一个完美的人吗？你不是一直希望我变成一个出色的人吗？现在你看我把什么事情都搞砸了，每次把事情做得稍好一点，我都会再把它搞砸。当然这种关系中的"妈妈"已经不是现实中的妈妈了，而是已内化为其自身一部分的"妈妈"。因为不能处理好和这个"妈妈"的关系，他们才出现了上述的种种表现。

几点建议

那么如何才能摆脱案例 1-4 中的困境呢？有以下几点建议可供参考。

第一，先来看看这种困境的形成与自己的哪些成长经历有关。

当你明确了是哪些经历造成了当前的困境后，仍旧为自己身上所谓的不好而感到自责时，不妨试着劝说自己这一切并不是我的错，不该如此责怪自己。不过，这并不意味着要去责怪别人。有些人在了解了困境形成的原因后，会去责怪现实中的父母。可是越责怪父母，就越认同他们对待自己的方式，自己也变成了不断指责他人的人，变得和父母没什么区别。因此，不必建立这样一种非此即彼的对立，认为凡事不是我的错，就一定是别人的错。不必理会是谁的错，毕竟事情都已经过去了，就让它过去好了。无论别人是否有错，我们只要知道不是自己的错就好了。

第二，有了上述认知后，再来问问自己想成为什么样的人。

有时候，人们会在无意识中陷入上述和父母的关系或纠缠中，无法摆脱这种母子关系或母婴关系。这种情况下，他们只会想成为和父母一样的人，或和父母完全相反的人。这说明他们并未思考过自己真正想成为什么样的人，眼睛始终盯着别人。在这种情况下，他们会非常在意别人对自己的看法，甚至会故意和别人对着干。这样的人就像叛逆的孩子，只要是别人说的，就一定要反抗，当然也就很难和别人建立良好关系。所以要先问问自己究竟想成为什么样的人，知道了这个问题的答案，才能将其变成一种信念，从而成为更好的自己，而不是成为别人。

第三，不要理会在与父母脱离上述关系时产生的背叛感与愧疚感。

当真正与父母脱离上述关系时，也就是摆脱对父母的依赖，从"孩子"成长为独立自主的"成年人"时，人们内心可能会感觉自己背叛了父母，或许还会产生愧疚感、罪恶感和羞耻感，不必去理会这些感受，它们不过是过去的经验所引发的一些感受，仅此而已。我们只需和这些感受共处，不必急于消除它们。它们就在我们身上，可以慢慢去体会。我们最终会意识到自己是在与一种关系，或者与自己内在那个还没长大的"孩子"做小小的告别。告别时一定会有一些失落和悲伤，这是非常自然的情感反应。

第四，要和周围的人建立一种真实的连接。

要和别人建立一种真实的连接，那么从一开始向别人表达自己、说出自己的感受时，就要尝试不去关注对方的评价和表情。如果对方对我们的评价不好，也不必认为这是自己的错。做到了这些，再尝试和别人建立真实的连接时，我们就能把真正的自己展现给对方并试着去信任对方。在自恋或恐惧的状态下，人都无法信任周围的一切。现在就要试着说服自己相信有人值得信任，并在与其建立的关系中慢慢去检验一切。

第五，可以做一种简单的镜像练习。

此处的镜像练习绝不是每天对着镜子夸奖自己多棒、多美、多能干。赞美也属于评价。我们不必评价自己，可以试着告诉镜子里的自己：我能走到今天很不容易，在那样一种环境中成长起来，还能走到今天，我付出了很大努力。只要看到自己付出的努力就行了，至于结果或做出这些努力产生的影响，都可以暂时不去理会。只要对自己说：我知道你一路走来很辛苦、很努力，受过一些委屈。如果此时想说出这些委屈，就可以直接说出来。毕竟在一个比如重男轻女的家庭中长大，很小的时候就被迫成为一个独立的人，内心必然会充满委屈。当然，此处的独立只是一种假性独立，在心理上依旧非常依赖父母。当我们对着镜子里的自己说出这些话时，感觉就像父母忽然意识到我们过去做了很多事，是很不容易的。然后，我们需要给镜子里的自己道个歉，因为过去我们经常责怪自己，否定自己，这是很不应该的。这次道歉后，我们会对自己更加温柔，更加包容，会给自己更多的肯定和认同。这一刻无论有什么感受，我们都可以试着去接受，没关系，这是成长过程中必然要经历的。

第二章
看清关系中的自己

玻璃罩里的"空心人"

案例 2-1

从小到大，我一直过得比较顺遂，没有经历过太大的挫折，但总感觉不到自己的内心，好像自己是个没有心的人（除了青春期时曾有过对爱的渴望）。而且我也感觉不到被爱，只觉得自己在这个世界上无足轻重。其实，妈妈对我很好，爱人也对我很好，很在乎我。可是看到他们为我投入、付出，我就像在看一出舞台剧一样，觉得他们就像台上的角色，与我没有任何关系。我想问问：怎样才能打开心扉，激发自己感知爱的能力，拥有一颗活生生的心，活出生命该有的样子？

（引自一位 28 岁女士的自述）

可怕的"隔离"

看到这个案例，我试着体会了一下这位女士的感受，然后觉得后背发凉，全身冷冰冰的。这让我感觉自己像一具行尸走肉，周围的世界都与我没有任何关系，我和周围的世界也格格不入。我好像住在一座荒岛上，荒岛孤悬大海，和大陆没有任何连接，一种强烈的孤独感完全把我包围，好像世界上只剩下我一个人。我感到了深深的悲哀，因而想起一句话："哀莫大于心死"。只是这位女士的悲哀被一种比较平和、看起来还不错的现实掩盖了。在这种看起来还不错的现实面前，她连表达悲哀的机会或权利都没有。如果她想表达，内心好像就会出现一个质疑声："你还想怎样？你现在不是很好吗？你到底想怎样？"

看到这位女士提出的问题，我一下想到了一个关键词——"隔离"。隔离的感觉就像是我和其他人之间存在一堵墙，也像住在一座完全用玻璃罩罩起来的空间里，我能看到别人，别人也能看到我，但彼此间存在一层很难打破的玻璃。在这种情况下，是该自己从里面打破玻璃，还是该让别人从外面打破玻璃呢？人们可能会犹豫、害怕，不太愿意亲自打破玻璃，也害怕打破玻璃后的亲密接触会让自己不舒服，还害怕遭遇一些恐怖的事。所以当人们用一种隔离的方式对待别人时，其实是在对自己可能无法承受的感受进行防御。那么，这些感受从何而来呢？

这位女士提到，她在成长过程中没有经历过太大的挫折。与被抛弃、被虐待相比，有些挫折看起来好像风平浪静，算不了什么，实际上却非常严重。这种挫折就是长时间得不到别人的真心对待。也就是说她曾试图和他们建立连接却被拒绝了。于是，现在她以同样的方式拒绝了很多想和她建立连接或互动的人。

很多人都有过类似的经历。比如，如果我们想和妈妈建立一种关系，想靠近她、依恋她，却没能从她那里得到足够的回应，就会由此产生强烈的挫败感和被忽略感。这种感觉会让我们认为自己无足轻重，这是一种存在感被剥夺的感觉，是一种很糟糕的体验。

总之，人们可能没有经历过太大的挫折，但是因为过去被妈妈、爱人等以上述方式对待过，所以就会以同样的方式来对待别人。

越胆怯，越孤立

我们只有对世界怀有好奇心，才会在世界中发现一些让人好奇的东西。同样的道理，我们之所以能和这个世界保持良好的互动，是因为很想去了解这个世界，而这个世界的回应又常常让人惊喜，或者能刺激情绪和情感反应。

为什么一些恰到好处的挫折能促进成长？因为这些挫折能激发生命力和攻击性，让人们体会自己的存在感，感受到自己是个活生生的、有情绪和情感的人。在遇到挫折时，人们会想尽办法去应对，这会强化自身的一些能力，并逐渐建立起自信心，从而减轻恐惧感。当人们能够很好地面对挫折或拒绝后，就会更有勇气去探索各种可能性。可是如果从来都不敢面对挫折，或根本没有机会尝试面对挫折，人们就会把自己封闭起来，并沉浸在深深的恐惧之中。

信任感的坍塌

陌生人之间也有最基本的信任，但是对自己最亲近的人，人们的信任度会更高一些。比如两个人谈恋爱，可能会向彼此坦承自己最难过、最脆弱、最窘迫、最羞耻的经历。这样做完全是出于对对方的信任，相信向对方说出一切不会给自己带来任何威胁。

如果像案例 2-1 中这位女士一样完全无法表达自己，就像对外关上了心门，在妈妈、爱人这样的至亲面前都无法敞开心扉，意味着对他们的信任已经坍塌。这种对关系亲近之人的信任坍塌，可能在一个人小时候就已出现。缺乏最基本的信任，觉得周围的一切都可能伤害自己，而自己又无力自我保护，这样的人就无法和人建立关系。遭受过严重心理创伤的人就会变成这样。比如一个女孩子本来好端端的，突然遭遇不幸，而伤害她的人可能还是她认识的人，这会导致她对所有人的信任坍塌。

一旦最基本的信任坍塌，人们就不再相信别人是值得信任的，不再相信生活是可以掌控的，不再相信自己是不会轻易受到伤害的。他就会把自己严密地保护起来，关闭心扉，不让任何人进来。这样一来，伤害过自己的人固然进不来，但爱自己的人同样也进不来了，结果因噎废食。虽然如此，可这就是人们自我保护的一种重要方式。此时就要重新建立信任关系，也就是要重新建立对生活、对他人最基本的信任。

对外界的感受能力越低，自我价值感就越低

自我价值感是指一个人是否觉得自己能给这个世界、给他人带来好处。我认为，案例 2-1 中这位女士的自我价值感被贬低了。这种贬低可能是原生的，也可能是成长过程中发生的。前者出生时在家庭中原始的价值感就被剥夺了，后者在成长过程中自身价值官不断被否定。

自我价值感降低源自感受力的减弱。感受力就是人对外界的基本感受。比如闻到花香时，会心情愉悦；吃到自己特别喜欢的食物时，会非常高兴；遇到一个许久未见、十分想念的朋友，会特别兴奋。如果感受力越来越弱，或无法真正体会自己的感受，就表明一个人长时间忽略了自己，不太关注自己的感受，导致感受力离自己越来越远，渐渐认为自己无足轻重，自我价值感越来越低，觉得自己对这个世界来说是多余的。

问题的解决

那么，如何才能避免自我价值感降低呢？可以从以下几个方面着手。

第一，解决空心问题。

所谓空心，就是觉得自己很孤单，心里空空的，什么人都装不下。解决空心问题，要和别人建立一种连接，或者和值得信任的事物建立最基本的连接。此处的事物，可以是一只宠物、一盆花，也可以是日常生活中自己特别喜欢的某样东西，即便没有生命也没关系。我们总能找到一样与自己有着强烈连接感的东西，某种看不到时心里就会特别牵挂，而一旦看到又必然会产生一些情绪和感情的东西。

建立这种连接时，可以先从没有生命的东西开始。因为我们完全可以掌控它，不用担心它会突然伤害我们。买一个心爱的毛绒玩具，时常抱抱它，和它"说说话"；或者养一盆植物，很用心地照顾它，给它晒太阳、浇水、施肥。通过这种方式，我们就主动与事物建立了一种连接。

第二，给自己制造一些感受的机会，增强自身感受力。

我常给心理咨询来访者布置一些"家庭作业"。这些"作业"都比较简单，比如起床时闻闻自己的口气。睡了一晚上觉，早上起床时口腔里会有一些细菌，此时可以先哈一口气，闻一下自己的口气，再用一种比较清新的牙膏刷牙。刷完牙再哈一口气，再闻一下自己的口气。两次闻口气的感受肯定很不一样。又比如做运动，以最简单的跑步为例，给自己设定一个目标，比如跑两千米，从跑步之前到进入跑步之后，那种汗流浃背、呼吸急促、脸色发红、疲惫无力的状态，是一种真切、实在的感受。要抓住机会感受自己的心跳，感受汗水是怎样从身上流出来的，感受双腿如何颤抖，感受那种疲乏无力、全身酸痛的状态。

要慢慢体会以上各种感受，再扩展到其他各方面，比如闻花香、欣赏灯光、观察自己的床单等。去感受生命中所有与自己息息相关的事物，感受它们的味道、颜色等。我们甚至可以先体验一下饥饿，再体验吃饭时如何一口一口地咀嚼吞咽。

第三，要对自己的人生有最基本的思考。

思考的方式其实很简单，比如美国精神病学专家欧文·亚隆曾采用的一种方式，即思考如何撰写自己的墓志铭。想象一下，有一天我们死了，要对自己的人生做个总结，会如何总结呢？无须太多修饰，这应该是瞬间从脑海里冒出来的，甚至是下意识反应的结果。根据这种总结，再思考一下自己这一生的价值。如果觉得以现在这种方式度过一生并不能让自己完全满意，就要思考如何做出改变。

可以设定一个改变的目标，暂时不要把目标定得太大，只需先设定一些最简单的目标，关于每天的衣食住行、吃喝拉撒，再逐一去完成这些目标。在这个过程中，我们可以体会一种强烈的存在感及自我照顾的成就感。

第四，要从云端回到地面。

案例 2-1 中这位女士处在一种冷眼看世界的自恋状态中，回避了人类实实在在、有血有肉、接地气的状态。她看妈妈、爱人为她付出，对她好，像站在一个很远或很高的地方看一出舞台剧。这其实是一种极度自恋的状态。

如果能让自己从云端落回实实在在的地面，对别人与我们的互动做出最基本的回应，并在回应中感受双方的连接，我们就能在与人相处时得到更好的体验，修复过去给自己造成很大影响的创伤性体验。在这一过程中，要主动向别人表达自己对各种事物的感受，不要有任何羞耻感或羞涩，只是简单、直接地表达即可。举个很简单的例子，爱人给我们买了一份礼物，拿到礼物的那一刻，我们可以先看看礼物，感受一下，再看看对方的眼神，听听对方说的话，然后积极做出回应。此处的回应不是评价礼物的好坏，而是表述自己收到礼物时的感受。这种感受是带着人间烟火气的，能让人感觉自己是一个实实在在的人。

第五，要向别人倾诉自己的感受。

案例 2-1 中的女士提出了问题，显然已经有了做出改变的愿望，但也不必急于求成。在向他人倾诉自己的感受的过程中再重新体会一下这些感受，不必立刻就虑及如何爱别人的深度。

有些人常会有一种不合理的认知：这个世界上好像没人懂我。尤其是在很小的时候，自己的一些想法得不到认同，自己得不到别人的关注和真正的理解，这种感受积累多了，就会形成这样一种认知，觉得世界上没人能理解自己。可是，如果你能找人倾诉一下，就会从他人的回应中发现别人也有差不多的感受，如此一来就能在人群中找到归属感，明白自己在这个世界上并不孤单。就好像经典动画电影《机器人瓦力》，瓦力是地球上唯一一个机器人，好像除它以外，世间再也没有其他机器人了。直到有一天，它发现了来自外太空的机器人伊娃。瓦力马上对伊娃产生了非常强烈的依恋感，双方有了一些十分有趣的情感体验或情感关系。一个人只有通过和别人的连接和互动，才能慢慢意识到自己并不是一座孤岛。这些互动即便并不美好，也能触动心灵。

最后，我想给有上述困扰的朋友推荐一本书——欧文·亚隆的《当尼采哭泣》。书中讲述了大哲学家尼采如何在心理咨询室中与人沟通交流，在这一过程中感受自己的经历。我认为这本书非常适合有上述困扰的朋友阅读。

🍁

要有主见，不要总被别人牵着鼻子走

案例 2-2

我觉得自己是个特别容易受他人影响的人，很难形成自己的观点，即便自己有不同看法，也很容易受别人影响，最后脑子里只剩下别人的观点，完全忘了自己最初的想法。我感觉自己非常被动，做事状态也很不好，最近有件事更让我深感苦恼。现在我在放暑假，有一天天气很热，家里的热水器坏了。妈妈让我要么到附近的叔叔婶婶家洗澡，要么到三公里外的阿姨家洗澡。妈妈还说，不管我要去谁家，她都会陪我一起去。先说明一下，我妈是个典型的"老好人"，总是压抑自己，她不喜欢去我叔叔婶婶家，因为觉得和强势的婶婶说话很累。那天天气真的很热，我全身都黏糊糊的，不想跑远路，就提出到住得比较近的婶婶家洗澡。妈妈纠结了很久，最后说："我不想去她家。"当时已经是晚上九点多了，妈妈直接说她不洗澡了，因为不想去麻烦别人。"麻烦"这个词经常被她挂在嘴边。我马上反驳道："这不是麻烦呀，没关系的。"妈妈就大声说："各人的观点不一样，你不要那么烦人！你想去可以自己去！"我在凳子上呆坐了很久，很难描述当时是什么心情。最终，我对妈妈说："那我也不去了，出去洗澡很麻烦。"说出这句话时，我忽然意识到这不是我最初的想法，心里涌出浓浓的忧伤。我也不知道这种忧伤是因为自己的想法又被改变了，还是因为自己的需要没能得到满足。我想问问：要怎样迅速察觉并抓住自己的想法，才能不被别人牵着鼻子走呢？

（引自一位 22 岁女士的自述）

"老好人"的特征

看到女孩的描述，我认为这已经不是怎样抓住自己的想法不被别人牵着走的问题了，而是女孩和妈妈之间的关系出现了问题：女孩很没有主见，和妈妈相处时经常被妈妈影响，已经 22 岁了，在和妈妈的关系中还像一个乖巧的小女孩。

先来分析一下她妈妈是个不愿麻烦别人的"老好人"这件事。所谓的"老好人"是什么概念呢？在"老好人"看来，自己做的事情都是对的，自己总能给别人带来好处，不会给别人造成伤害，也不会向别人索要什么好处。"老好人"当然必须压抑自己的情绪，即便受到别人的攻击，也要用和善的方式对待别人，否则就不配叫"老好人"。女孩也意识到妈妈作为一个"老好人"，一直过得很压抑。那么，一个人是怎么变成"老好人"的呢？

首先要明确一下，"老好人"一定会满足以下几个特征。

第一，自我价值感不高。所谓自我价值感不高，就是我必须要以对他人有利的方式对待他人，这样才能找到自己真正的价值。

第二，自己的观点、需求等都不重要，甚至完全可以被忽略，他人的意志、想法、愿望、情绪才是最重要的。

第三，不会给别人添麻烦，但一定要给别人带来好处。在这个过程中，即便自己有需要，也不会接受别人的帮助。因为在接受帮助时，自己就不再是被别人需要的人，而是变成了需要别人的人。

第四，不会表达自己真实的想法和情绪，不想让这些想法和情绪被别人看到。对着外人，"老好人"永远只有"老好人"这一副面孔。然而，对着亲近的人，"老好人"的状态可能并不好。他可能情绪波动很大，喜怒无常，甚至对亲近的人诸多责备。因为"老好人"在外面总是压抑着自己的情绪和攻击性，所以需要在自认为安全的人面前释放自己，否则就无法继续维持"老好人"的状态。这是一种平衡。有些"老好人"对外人特别好，对自己的家人却非常糟糕，原因就在于此。

第五，人际关系模式包含了对他人的取悦，同时也包含了对他人的指责。取悦就是讨好别人，指责则是出于这样一种心理：我说话做事都在讨好你们，以你们的意志为我自己的意志，在这一过程中，你们全都在剥夺我的资源和权利，你们全都是坏人。

第六，很难与别人建立真诚的关系。因为一旦建立了真诚的关系，双方都会呈现出很多真实的情感和情绪。而"老好人"必须隐藏内心对别人的观点和想法，这样才能一直维持"老好人"的状态。

"老好人"是怎样养成的

一个人是怎么成为"老好人"的？

其实，成为"老好人"的初衷往往是想成为一个对的人，他们基于这样一种恐惧：害怕在人际关系中被边缘化、被忽略或被抛弃。有的"老好人"在出生时就不被家人欢迎。比如一些出生在重男轻女家庭环境中的女性，从小就觉得自己是父母的累赘，自己的出生给父母带来了很多麻烦。
这些女性会认为自我价值的实现就在于能给别人带来好处，
这样自己才能被别人需要。"老好人"有可能一出生就在人
格方面建立了比较伝的核心价值感，其人格特质就是在此基
础上形成的。当一个人发现爸爸妈妈并不欢迎自己的降临，
甚至经常对自己口出恶言或完全忽略时，他内心可能就会潜
藏着一些愤怒与恐惧。因此，"老好人"在人际关系中往往
会小心翼翼，有什么事都更愿意藏在心里，这也就解释了为
什么有的"老好人"心思深沉。处在这种状态下，人很难在
人际关系中与别人展开良好的互动。

　　另外，"老好人"对别人的嫌弃、不屑、鄙视，以及对
给别人制造麻烦往往非常敏感。一旦面临这些情况，"老好
人"可能会陷入恐慌，担心自己被抛弃。因此，"老好人"
会努力顾及他人的感受，对他人的表情等反应非常敏感。在
这个过程中，"老好人"会拼命取悦、讨好别人，但从不表
达自己的真实想法和情绪。这是一种以不变应万变的方式。
如此一来，"老好人"在人际关系互动中就好像戴了个面具，

这个面具并不生动，却能让他始终保持同一种状态。

我家所在的楼里住着一位保洁阿姨，我家一些保洁工作也会交给她做，因此我和她有一些交集，一起聊过天。每次见面，我们都会微笑着打招呼。有一次，我在电梯偶遇了她，却被她吓到了。我并不知道她在那一瞬间是什么心情，只是清楚地看到她脸上带着冷酷的表情，眼神甚至有些凶恶。她并没有看我，只是看着地面，但我还是觉得后背发凉。然后，她抬头看到了我，马上变成了另外一个人，露出平时那种微笑。可是一想到她刚才那种表情，想到她隐藏在微笑面具后的另一面，我就有些担心和害怕，觉得自己以后应该离她远一点，甚至应该小心翼翼地对待她，以免有什么事惹她不高兴了，她就会对我做些什么。这就是我的内心感受，一种非常有趣的心理互动。

回到案例 2-2，看看这位妈妈是如何把女孩变成和自己相似的"老好人"的。在这对母女的互动中，女孩一直在取悦、讨好妈妈，不敢得罪她。这里所说的得罪包括违背妈妈的意愿、表达与妈妈不同的观点、采取和她不一致的行动、在妈妈止步时自己出去探索世界、做自己的事等等。这些在女孩离开妈妈时也许都可以做到，但在与妈妈的互动中，女孩更愿意扮演一个乖巧、听话的孩子，完全以妈妈的意志为自我意志，忽略自己的真实意愿。

设想一下，假如我们处在女孩的状态中，可能会密切关注妈妈的反应、表情、言语，对这些十分敏感。看到妈妈不高兴了，我们就会怀疑是不是自己做错什么了，然后做出相应的改变，变回那个妈妈需要的孩子。在这个过程中，我们放弃了自己的意愿。就像案例 2-2 中的女孩一样，即便不洗澡身上会很不舒服，也要坚持在与妈妈的互动中做一个乖巧的孩子，既然妈妈不愿意去婶婶家洗澡，那自己也不去了。反之，如果女孩对妈妈的一些观点和行为产生质疑，甚至有了一些和妈妈不同的想法，她可能会心生愧疚，怀疑自己的想法是不是给妈妈造成了麻烦。进而让人的内心产生一种深深的忧伤。这种忧伤主要包括以下三点：第一，我没能按照自己的想法去做，因此感到失落；第二，我没能满足妈妈的要求，我让妈妈不高兴了，因此心生愧疚；第三，我的意愿没有得到尊重，我想责怪什么人，却不能责怪妈妈，于是只能责怪自己。

而女孩对妈妈的认同主要包括三方面。第一，对妈妈的忠诚。这种忠诚可能是因为妈妈曾威胁过她，"如果你不听话，妈妈会对你……"。面对威胁，她只能深深地认同妈妈，但她并没有意识到这种认同其实源自威胁。第二，对妈妈的孝顺。她从小到大都被要求成为孝顺、乖巧、听话的孩子，只有听妈妈的话，才算是孝顺妈妈。第三，实现在妈妈面前的价值感。她在扮演一个能给妈妈带来好处的角色。在对自我价值产生怀疑时，她更愿意做一个能给他人带来好处的人。不管是给妈妈带来好处，还是给身边其他人带来好处，都能实现自我价值，让自己不再恐慌。

坚持自我有风险

听话，还有一个重要的好处，就是不需要承担任何后果。反之，如果不听话，有些后果就要自己承担。比如有的妈妈经常对孩子说："你看你不听话，现在出事了吧。"可以想象，听到妈妈这样说，孩子会感到深深的沮丧甚至羞耻。孩子如果在成长期间经常与妈妈进行这样的互动，就容易形成一种根深蒂固的观点：只要听话，就不需要承担太多责任；即便出现了一些糟糕的后果，也是因为自己听了别人的话，这样至少能把责任推给别人，也就是自己遵从的那个人。

有时候，不坚持自己确实能带来很多好处，为自己搭建一个舒适区。大家认为独立可能承担很多风险，其实坚持自己同样要承担很多风险，这些风险更多的是来自精神层面，具体包括了以下方面。

第一，可能会被依恋的人或特别渴望照顾我们的人所排斥或指责。

第二，可能会陷入精神上的自责和自我否定。发现自己的观点和别人不一样时，人们可能会自我怀疑。一个人如果从小就得不到认同，甚至在不断被否定的状态中成长起来，就很容易在遇到一些问题时先责怪自己，怀疑是不是自己做

错了，或者自己做得不够好，从而否定自己。这种感觉是很
糟糕的，很多人都不愿意承受。

第三，可能会引发人际关系冲突，这会让人感到恐惧。

我们为什么害怕与人冲突

现在来分析一下，为什么人们害怕引发人际关系冲突。

首先，在人际关系冲突中，人们会体会强烈的几乎能淹
没自己的悲伤与难过。既然冲突会耗费巨大的精力，带来很
多麻烦，还会给人造成这么大的伤害，那么自然没人愿意
主动引发冲突。在这种心态下，人们会认为主动引发冲突的
人都是坏人。当内心产生冲突时，人们会尝试把责任推给别
人。这就好比自己不小心摔倒了，无人可责怪时就会责怪地
面。如果在成长过程中一直扮演被推卸责任的角色，比如感
情破裂的爸爸妈妈说他们不离婚完全是因为你，把冲突都归
咎于你，让你承担一切责任，那你就会感到巨大的恐慌。这
是生命中不能承受之重。

其次，人际关系在冲突中的走向同样会让人们感到深深的恐惧。比如一个孩子和妈妈发生争吵，如果妈妈自身非常情绪化或情绪抑郁，孩子花了九牛二虎之力去哄她，取悦她，安抚她，但她始终对孩子不理不睬，独自垂泪。孩子面对这种情况时可能就会深陷恐惧，好像妈妈要被自己杀死了一样。这其中还包含另一种恐惧，即孩子需要妈妈的照顾，如果妈妈不开心，孩子就得不到所需的照顾。这时，孩子和妈妈的关系会陷入失空的状态。再举一个例子，一个男孩爱上了一个女孩，却因为害怕遭到她的拒绝，以及不知道被拒绝后该如何与她相处而不愿向女孩表白。认为表白在冒风险。同样的道理，不愿在与妈妈的互动中坚持自己的观点，也是害怕这种坚持会导致自己和妈妈的关系陷入一种糟糕的状态。假如妈妈是个比较情绪化的人，甚至可能会忽略或抛弃我们，而这种状态是我们不愿面对的。

最后，维护和修复人际关系的成本很高。冲突发生后，再对其进行维护和修复的成本就更高了。这和弄坏了一样东西再去修理是一样的道理。如果没有很好的修复能力或沟通能力，修复和维护两个人的关系就要面临非常高的成本，这会让人不知所措。所以，如果坚持自己的意见就可能和对方发生冲突，即不听妈妈的话或做了违背妈妈意愿的事就可能需要承担严重的后果，我们就会宁可把一些想法和观点藏在心里，选择压抑它们，不去正视和真正地表达它们。所谓"息事宁人"，就是这样一种状态。

觉察与坚持

如果妈妈的掌控欲很强，当孩子的观点和她不一致时，双方就可能会发生冲突。这样的母子互动关系属于控制型妈妈和听话的孩子之间的关系。在这种关系中长大的孩子，会把这种关系发散或泛化到与其他人的关系中，在和其他人相处时，也会表现出同样的状态。这就是为什么有些人有时候会发现坚持自己的想法相当困难。那么究竟怎样才能察觉自己的想法，坚持自己的观点呢？

我们每天都会产生很多想法，其中有些重要，有些不重要。其实几乎每个人都有迅速感知自己想法的能力，不必刻意察觉。真正要察觉的是以下问题。当想法出现后，我们却没办法坚持，怎样才能改变这种状态，变得有主见，有独立精神，能在自己内心追求自由，不再受制于人？在坚持想法的那一刻，我们的内心又是什么感受？要解决这些问题，有以下几点建议可供参考。

第一，尝试一下所谓的分离。

提到分离，就要提到反叛期。有时候，反叛期正是源自分离的需要。在反叛期，孩子已经有了自我意识，不再完全认同妈妈的观点、听妈妈的话。在这种情况下，分离是很自然的结果。当然，分离也意味着孩子要独自面对这个世界，妈妈不可能再代替孩子做事。对一些掌控欲强、害怕孩子失去控制的妈妈来说，分离意味着一种反叛，意味着孩子对妈妈不再忠诚。然而，孩子如果能够清楚地意识到妈妈并不完美，妈妈也会犯错，会力不从心，会无所适从，孩子就可能会变得反叛，成为真正的自己。

第二，明确自己要付出的代价。

要明确和母亲分离需要付怎样的代价，以及自己能否承受这样的代价。小孩子喜欢讲究对错，但作为成年人，我们讲究的是利弊。我们要问问自己：在一件事情上坚持自己的观点，究竟能给自己带来什么好处，同时又会带来什么坏处。从这一角度看待问题时，这个问题似乎变得更立体了。我们在选择的过程中告诉自己：我愿意承担所有的风险，愿意付出相应的成本，一切都是自己选择的结果。这一刻，我们会发现自己充满力量。

第三，要对世界充满好奇。

对世界充满好奇，并且要用自己的方式探索这个世界。自己的方式并不是单纯的某一种方式，要做的是对自己的世界而不仅仅是妈妈的世界充满好奇，有勇气面对这个世界，真正与这个世界产生良好的互动。在这一过程中，即便犯了一些错误也没关系，我们要保持探索这个世界的决心和热情。

第四，要学着接受人与人之间的差异。

要明白人与人之间更多的是价值观的差异，没有好与坏、对与错的区别，不必对自己的价值观有任何怀疑。要试着和妈妈以外的人甚至是和自己发生过冲突的人分享自己的感受，表达自己的观点。在有了一两次非常好的体验后，我们可能才会真正地坚持自己。其实，每个人都是独自行走在这个世界上，再亲近的人也不可能替我们过完一生。要抛开内心对让别人替代自己的渴望，坚持自己，这样再遇到什么问题就可以迎刃而解了。

第五，还要厘清对妈妈的愧疚，厘清应由谁对人际关系冲突负责。

如果厘清了这一切，从人文主义角度说就厘清了对待自己的态度。我们做事时，只要不触犯法律、不伤害他人、不违背公序良俗，都是被允许的。如果我们的想法和妈妈的想法不太一样，或者做的事和妈妈做的不太一样，妈妈可能会对我们不满，但这并不代表我们在伤害妈妈，这只代表了妈妈没办法接受彼此的差别，仅此而已。

只有厘清了哪些是妈妈的事，哪些是自己的事，完成了分离，划定了边界，我们才能发现真实的自己，才能慢慢建立自我，坚持自己的想法、观点和意愿。这条道路并不平坦顺遂，甚至可能充满痛苦。不过，这是一条真正的自我觉醒之路，只有走上这条路才能找到自己，拥有觉醒后的人生。

没有稳定的价值观，如何做出改变

案例 2-3

　　我是一名大四学生。记得大一上思想道德修养与法律基础课时，老师告诉我们，大学四年什么事情都可以不做，但是有一件必须做的事，就是改变自己。从那以后，我一直在努力改变自己，虽然我不知道应该改变什么，怎样去改变。不过，可能是因为这种渴望改变自己的想法，也可能是因为自己很容易受到别人影响，在舍友影响下，大学四年我确实改变了很多。我原本是个野心勃勃的人，很想把大学生活过得精彩一些。刚进入大学时，我努力学习，积极参加社团活动，后来却觉得越来越没意思。我开始和舍友们一起赖在宿舍里，变得和她们一样不务正业，整天玩耍打闹。这样混日子的确很开心，我和舍友们的关系也变得非常好。可是我也会反思自己是不是变得没追求了，变得"野蛮"了（总是不正经，满口脏话），有的朋友都说好像不认识我了。老实说，我并不觉得这样有多糟糕，但我也确实觉得自己比从前懒了不少。比如我明明决定考研，复习时却"三天打鱼两天晒网"。最后只剩一个月就要考试了，我一点都没有着急，感觉像是在拿自己的前途开玩笑。

其实，我知道我变成这样的根本原因在于自己，也总是很纠结自己应不应该继续这样。在其他很多事情上，我也经常拿不定主意。比如看到大家都会化妆，我就考虑自己是不是应该学一学；看到大家都聊穿衣搭配，我也考虑自己是不是应该了解了解。我担心如果不懂这些，自己可能永远交不到男朋友。又比如看到别人过着平淡的生活很幸福，我也想像他们一样；看到社会精英虽然承受着很大的压力，却生活得非常精彩，我又会向往那样的生活。事到如今，我也不知道自己到底想要什么样的生活了，太平淡自己会不甘心，压力太大又觉得自己会承受不起。

　　我已经 21 岁了，还没有建立自己稳定的人生观和价值观，总是随波逐流，这让我很有挫败感。我想问问：别人会怎样评价这样一个我？我又该怎样面对这样一个自己？我想对自己做出改变，我应该怎么做？

（引自一位 21 岁女士的自述）

现在的快乐与未来之间的平衡

　　看到这个案例，首先我要恭喜这位 21 岁的女大学生，在生命中第四个七年的开头，就开始思考自己想要成为什么样的人。这是觉醒的开端。

　　现在我们就来看看想要成为什么样的人这个问题。在解答这个问题之前，需要先了解一下自己现在是什么样的人。我看到女孩的自述，通篇都是对自己的不确定，充满犹豫和困惑。我相信她正走在了解自己的路上。可是人有时候不仅会通过他人的眼光了解自己，自己的内心还会有一套自我评价的系统，这两者并不兼容，所以女孩才会如此纠结。

　　看到女孩提出的问题，我不禁回想自己 21 岁时在做什么。我 21 岁时其实和这个女孩差不多，甚至还没像她这样开始学着进行深度思考。所谓深度思考，就是说当我们想改变自己时，不只想着改变自己，还想到了如何改变自己。想改变自己只是一个想法，如果我们能经过深度思考，就会重新审视通过怎样的步骤和过程才能达成这个目标，然后结合自己的行为把想法变成现实。想法和深度思考的区别就在于此。但想象中的结果可能与现实检验的结果存在很大落差，也就是说，理想自我和现实自我往往会有一些差距，这种差距可能会变成压力。如果压力过大，我们就有可能会选择放弃追求理想自我。

　　这其中涉及很多人都会遭遇的困惑，也是成长过程中必然会思考的一些问题，奥地利心理学家阿尔弗雷德·阿德勒将其归纳为人生三大问题：第一，学业问题；第二，职业问题；第三，婚恋问题。案例中的女孩正在思考的就属于这三个问题，但都没有得出清晰的答案。在思考的过程中，女孩产生了一些困惑。这种困惑是难以避免的，也很难一次性解决，而且往往会伴随人的一生。这要求我们要不断地调整自己，不断重新看待这个世界与我们的关系。女孩的困惑在于如何在现在得过且过的快乐与未来生活的追求之间达成一种平衡，能不能做到现在很快乐，未来也不至于觉得自己非常糟糕？这种困惑是一种平衡，也是一种冲突。

有些人的生存本能或生存策略都是享乐至上，这种情况在大学生中也并不罕见。上大学前，他们可能会压抑自己对享乐的追求，努力学习，追求进步，竭力达成自己的阶段性目标。身边人也会推动他们这样做，鼓励他们考上好的大学，告诉他们考大学是他们目前唯一的目标，未来的人生可以等考上大学以后再说。在这个过程中，他们并没有得到真正的人生观和价值观教育，并没有形成相对稳定的人生观和价值观。这并不完全是他们的错，其他人的干预也可能导致他们错过了成长过程中本应得到的一些东西。因此，进入大学后，有些人会用补偿性或报复性行为来弥补自己缺失的部分，比如用浪费时间的方式报复过去压抑状态下被排得满满当当的时间表。

有时候，人的确很需要做出这种补偿性或报复性行为。然而，这种行为并不能让过去被压抑的部分获得满足，正如刻舟求剑无法找回丢失的剑一样。无论现在从这种补偿性或报复性行为中得到了多少快乐，都无法摆脱慌乱或焦虑的状态。因为自己知道自己在浪费时间，而过度浪费时间必然会造成一些后果，甚至要为之付出沉重的代价。

案例中的女孩在做出补偿性或报复性行为时，获得了良好的人际关系。进入一种人际关系，从属于一个群体，能得到一种归属意识，这种归属意识会让人感觉不再孤单。加入一个社团或群体，和其他成员合作，变得和他们一样，其实都是建立人际关系的策略。相较于其他策略，这种策略更加行之有效。和舍友玩得很开心，这种开心在当下的感觉其实也很不错。

如何认清自己是什么样的人

要注意一点，我们想成为什么样的人，不管是成为精英还是普通人，都和自己的性格大有关联。人的性格是很难改变的，比如要求一个性格外向的人变得非常安静就是强人所难。改变需要调整个人性格，这种调整的难度很大。除非发生了重大事件，深深影响了个人，将其性格根基都颠覆了，彻底打破原有性格，然后再进行重塑。但我相信没有多少人愿意经历这样的事情，这种经历太痛苦，会给人造成极大的冲击。

那么该如何了解自己的性格？如果你实在无法了解自己的性格，可以尝试做一些比较专业的心理测试，比如大五人格测试。通过测试，明确自己具备大五人格中的哪种人格特质，而且哪种特质特别强，这能给了解自己的性格提供参考。

要注意，不要像案例 2-3 中的女孩那样，完全被身边人的评价所左右：身边人说她变得野蛮了，她就觉得自己是个野蛮的人；身边人说她变得安静了，她就觉得自己是个安静的人。其实，每个人对他人的评价都会带着自身的意愿或目的，任何评价都不是无缘无故的。因此，其他人的看法和评价并不能完全作为认识自己、了解自己的参考。一个嫉妒你的人对你的评价很可能很糟糕，一个爱你的人对你的评价很可能方方面面都非常好，如果以这些彼此矛盾的评价为参考，反而让人无法真正地了解自己。

要真正地了解自己是什么样的人，需要通过对自己的观察和理解，往自己身上看，而不是往外看。如果一直往外看，别人的评价就会变成各式各样的标签贴到我们身上，人就会像穿了一件贴满标签的衣服，需要不断地撕掉这些标签。这样做不仅非常浪费时间，还会给自己带来极大的痛苦。而且通过往外看的方式来了解自己，自己身上的标签只会越来越多。

要了解自己是什么样的人，想成为什么样的人，就要亲自去尝试。想知道梨子的味道，只能亲自去品尝。人只有在尝试过之后，才能知道自己到底是什么样的人，以及自己到底想成为什么样的人。有些人不去尝试，只靠凭空臆想，想象自己成为武侠小说中描写的那些侠客，或文艺小说中那些令人羡慕的人物，这都是不切实际的。现实生活需要我们亲自去接触、去投入，只有在这个过程中慢慢检验现实，才会对自己想成为什么样的人有越来越清晰的认知。比如身边有一群精英，自己就会逐渐被他们影响，逐渐对精英们的生活有所了解，再根据自己的能力判断自己能否成为他们中的一员。

与别人比较，会引发焦虑

在看案例 2-3 时，我还发现这个女孩特别焦虑。这种焦虑主要来自于她在把自己与别人做比较，在比较的过程中逐渐否定自己。女孩之所以这样做，可能与过去别人对待她的方式有关。

成长过程中的每一步都会在我们身上留下印记，过去的经验会在我们身上留下深刻的烙印。这个女孩的这种经验就是服从权威人士。她提到大一时听老师说大家在大学期间一定要改变自己，于是她想照办，可是自己又不知道改变的方向以及如何改变。在这种情况下，人的内心会产生一种冲突，也就是自主与服从的冲突：自己要成为什么样的人本来是自己的事，却变成了别人认为我应该成为什么样的人，而我还要去服从。案例 2-3 中的女孩身上就表现出了这种冲突。正因为这样，她不知道自己想成为什么样的人，于是将自己与各种人比较，看自己是否想成为他们。她会与精英比，与生活平淡的人比，与生活幸福的人比。这种比较必然会导致泛化，也就是不断与比自己优秀的人比较，最终否定自己。而这正是她的目的。这种无意识的目的，具体说来就是不断否定自己，即便自己当下很快乐，也要否定自己。这当然会让人非常焦虑，非常痛苦。

改变自己，但不要变成另外一个人

接下来就要谈到如何做出改变了。在谈到这个问题之前，还是要先明确一点，改变是为了让自己变得更好，而不是变成另外一个人。如果总把目光集中在与自己比较的对象上，我们就只是想成为那些比较的对象，而不是想成为更好的自己。那么，具体应该怎样做呢？有以下三点建议。

第一，先接受现在的自己，不要给自己任何评价或标签。

要对自己说：我现在就是这样，只享受当下的快乐，喜欢打打闹闹，想去学一些化妆技巧，想去学一些穿衣打扮的技巧，这些对一个女孩来说都是很正常的需要。这时候，不必急于否定或批判自己，比如质问自己为什么要随波逐流，看到别人化妆自己也要化妆，看到别人衣着讲究自己也要去做。至于对未来的恐慌，比如如果不学习穿衣打扮，会不会永远都交不到男朋友。我认为，这个问题可以试着用逻辑思维来解决。不学习穿衣打扮和交不到男朋友之间有必然的关联吗？显然没有。这是一种不合理的认知，我们要不断打破这种认知。因为不合理的认知就意味着扭曲、泛化、夸大，意味着各种转移。我们需要重新认识自己，对自己有更合理的认知。

以案例 2-3 中的女孩考研为例，她要明白自己只是对考研有抗拒的心理而并不是懒。懒和高矮类似，都是比较的结果，一定是先有某项标准，然后才会给自己做出一种懒的评判。可以试着不用这种通过比较得出的标准来评判自己，这样才能更好地接受自己。如果她已经认识到自己对考研心存抗拒，无法专心学习，接下来就要思考怎样才能静下心来学习。这时，她自然会想到要试着拒绝别人的邀请，限制一些娱乐活动，做出改变。

第二，坚持小步子原则，逐渐变成更好的自己。

所谓小步子原则，就是一个螺旋上升的过程，每天做一点点，进步一点点，变化一点点，不要想着一口吃成胖子。妄想一下就能把自己变得和自己想象的一样，是一种不合理的想象，是一种对世界的不合理期待。比如有人热衷整容，希望医生可以一次性把自己变成绝色美人。这些都是我们所说的幻想。真正的改变大多都不是一蹴而就的，而是会遵循小步子原则。

如果每天都能朝着既定目标进步一点点，就要给自己一些肯定、认同和奖励。人的本性是趋利避害的，如果做一件事能不断给自己带来成就感和满足感，我们就会心甘情愿地去做，就会享受做的过程，而不是在做的过程中苦苦忍受。比如跑步，今天跑了两公里，累得一塌糊涂，明天可以再试着增加半公里，如此循序渐进。过段时间后，我们会发现自己能轻轻松松地跑完五公里了。可如果一开始只能跑两公里时，我们质问自己为什么别人能跑五公里而我却不能，一旦产生了这种想法，开始否定自己，跑步就成了一种折磨，成了挫败感的源头。给自己成就感还是挫败感，这是对待自己的两种截然不同的态度，也就是我们所说的人生观和价值观。

案例 2-3 中的女孩提到自己的人生观和价值观很不稳定。其实，这可能不是不稳定的问题，而是对某件事是否值得做心存困惑。在大部分情况下，成年人都已形成了自己真正的价值观，只是对这种价值观还有些困惑。这可能是因为从很小的时候被别人拒绝给予尝试的机会，并因此造成自己也拒绝给自己这种机会，因此无法去尝试自己好奇的东西，也没有任何机会尝试犯错。并且出于对一些惩罚性后果的恐惧，会害怕犯错。而一旦害怕犯错，就不会再尝试。现在我们应该做的，就是给自己一个试错的机会。

第三，当成就达到一定高度时，要去享受成就感。

这点同样很重要。很多时候，我们不敢去享受成就感。从小到大，我们接受的教育就是要谦虚，谦虚是一种美德。正因为这样，即便我们为自己取得的成就感到强烈的满足与快乐，往往也只是藏在心底，不愿表达出来。现在要做的，就是试着去欣赏自己，取悦自己，在取得一些成就后，完全可以把自己从成就中获得的快乐表现出来，与其他人分享你的喜悦。如果能得到他人的支持与接受，我们就不会觉得太孤单，而且这种分享也是在给其他人一种良好的体验。

在根据以上三点建议把自己变得更好时，可能会遇到一些困难，但这是改变自己最行之有效的方法。最重要的是，即便走在这条路上会感到孤独，会被身边人用各种不同的信息所干扰，我们还是要坚持自己的信念。让这个信念支撑自己，坚信自己能变得更好，就不会太在乎外界的声音，就会慢慢变成真正的自己，而不是别人眼中的自己，或想象中的自己。要注意一点，任何事物的改变都会经历从量变到质变的过程，把自己变得更好尤其如此。

当试着撕掉自己的标签，不再用否定的方式对待自己时，其实已经解决了内心中服从与自主的冲突。毕竟成年人对事物的考量是以利弊而不是好坏作为标准的。如果认识到"自主"利大于弊，我们就能拒绝别人的影响，对自己的事保持一致的态度，不会轻易发生动摇或改变。这样我们就能拥有坚定的信念，相信自己一定能坚持下去。不妨从现在就开始试着用这种更好也更爱自己的方式去对待自己。

怎样摘掉"典型好人"的面具

案例 2-4

　　我是这样一种人，如果没有时时刻刻想着别人，为别人付出，就觉得自己不是好人，对不起别人。只要有人对我好，我就要求自己不能有独立的娱乐时间，必须时刻记挂着对方，为对方付出，想着怎么对他好，一切都要围着他转，否则就会觉得自己不是好人，会觉得对他不是真心，觉得自己很自私，不懂知恩图报。一旦有人想和我建立联系，我接受了，并打算和他保持联系，就要一直联系下去，一刻都不能断；就要以他为重，以和他的这种关系为重，不能想着自己；就要相信自己并不重要，他才是最重要的。我想问问：怎样才能摘掉这种"典型好人"的面具，走出现在这种状态呢？

（引自一位 25 岁女士的自述）

时刻以他人为重，是一种病

看到这个案列，我产生了这样几种感受。

第一种感受是恐惧。我相信这个女孩也一直处在同样的恐惧中：为什么这个世界如此可怕，我身处其中和他人建立的关系随时可能会断掉；如果我表现不好，别人就可能不再理睬我，或不再和我建立关系。

第二种感受是悲伤。具体说来就是发现只有牺牲自己满足他人时，我才能得到他人的认同，或者只有当我能够且正在为他人付出时，才能得到和他人建立关系的机会。这是一种非常悲伤、委屈、痛苦的感受，好像做不到这些，就必将承受无处不在的伤害。

第三种感受是沮丧。具体说来就是不管做什么，好像都无法改变这个世界和他人对待我的方式，有种无法掌控人际关系的无力感。我可以掌控其他事物，却无法掌控自己与他人之间的关系或情感以及别人对我的看法和态度，这让我感到很沮丧。

第四种感受是心疼。我很心疼这个女孩生活在这样一种环境中：周围到处都是危险，所有人都很自私。她不断用一种自认为可行的可怜巴巴的方式，试图和他人建立一种关系，极力讨好、取悦别人，看别人的脸色，留意他们的一举一动和他们对她的评价。

以上几种感受交织在一起，让我觉得无所适从，战战兢兢。在解答她的问题时，我甚至在想，如果我坦诚地说出她的真实状态，她会不会非常难过？考虑到这一点，我觉得应该小心翼翼地对待她，正如她小心翼翼地对待他人一般。在我看来，这个女孩就像一个易碎的水晶球，一不小心就可能给她造成难以估量的伤害。

"包你满意"其实是一种自恋

如何摘掉"典型好人"的面具呢？首先来分析一下"典型好人"是如何形成的。

在人际关系中，有些人相信，只要付出就能和别人建立很好的关系，不管别人需要什么，都会想方设法去满足，通过自己的付出达成对方的心愿。这种信念，其实是一种对自己无所不能的自恋感，而不是现实中能够实现的人与人之间的互动。

举一个简单的例子，妈妈给小婴儿的东西相对简单。首先，满足婴儿最基本的生存需要，让他吃饱穿暖。婴儿睡觉时，妈妈只需在旁边陪伴他。如果婴儿有其他需要，妈妈只需积极回应。和婴儿说话时，妈妈露出笑脸就能让婴儿心满意足。

可是一个三岁的孩子已经有了自己的主意，他需要的不只是这些。比如他会对妈妈说我想吃冰激凌，但妈妈考虑到现在天气太冷，吃冰激凌可能会闹肚子，所以拒绝满足孩子的要求，这时孩子会产生挫折感。在妈妈看来，我这样对待孩子，是一个好妈妈应该做的，是为了孩子好。可孩子虽然得到了妈妈自认为好的付出，心里却会有挫折感，因为他没得到他想要的冰激凌。如果这时妈妈能感受孩子的挫折感，就会意识到自己没有通过付出让孩子得到满足。在这种情况下，妈妈必须告诉自己：我是一个好妈妈，不让孩子吃冰淇淋是为他好，孩子有挫折感是因为他不懂事。通过这种方式，妈妈才能维持自己好妈妈的形象，也可以说是维持好妈妈的自恋感。

在孩子长大后，如果妈妈每天二十四小时全程关注孩子，满足他的一切需要：他说冷了，马上给他衣服；他说饿了，马上给他食物；他说想出去玩，马上放下手头一切事务，陪他出去玩。可是如果有一天他想和别人玩，要暂时离开妈妈，妈妈是否会感到失落呢？那么所谓对别人好究竟是什么？别人的感受是否重要？人在自恋的状态下，很难思考这些问题。因为只要对方有一点不满意，或是产生挫折感或不快的情绪，就会打破自己那种无所不能的自恋感，除非否认对方的情绪或情感，否认对方的需求。事实上，任何人都无法做到真正让对方满足，如果非要相信自己一直都在关注对方，这其实是一种自恋或自以为是。

片面的自我价值认可

此处的自我价值认可指的是自认为自己对别人有利，能为别人提供一些好处。除此之外，认为自己值得被爱或者值得别人对自己好，也属于片面的自我价值认可。案例 2-4 中的女孩只看到了自我价值的一面，即自己能为别人提供一些资源，对别人好，为别人付出，以别人对自己的需要作为评定自我价值的标准。那么，当对方不需要她后，她的自我价值又将如何体现呢？如果想陪伴一个朋友或亲密伴侣，但对方并不需要自己的陪伴，他需要的是和朋友打游戏娱乐，那自己会不会认为自己没有好处可以给予对方了，或者自己再也无法为对方付出了？这时，自己会有什么感受呢？

反之，如果对方想对她好一点，想为她付出什么，比如牺牲自己的游戏时间来陪伴她，或送给她很多礼物，她又要如何对待这种牺牲和礼物呢？一旦接受，她就不再是付出者了。除非她能拒绝对方提供的一切好处，比如礼物、陪伴或温柔的笑容，否则就无法保持自我，获取自我价值感。在与对方的互动中，除非她能一直处于付出的状态中，否则她的自我价值感就会不断被剥夺，变得时有时无。一旦没有能力再付出，比如对方的需求超过了自己的承受范围时，她就会在瞬间失去自我价值，感觉特别沮丧。

讨好是对立，不是爱

人与人之间要借助情感才能建立关系。这种情感包括被别人爱和爱别人，也包括被别人仇恨和仇恨别人。在这些情感基础上，人们建立了人际关系并展开互动。互动就会有互动的模式，这种模式可能是彼此对立，也可能是互相合作。

例如皇帝的日常需要太监伺候：皇帝想吃葡萄，太监会把葡萄剥了皮给皇帝吃；皇帝想吃菜，只要给身边的太监一个眼神，太监就心领神会，夹了菜送到皇帝嘴边。在这个过程中，太监是因为爱皇帝，所以满足皇帝的需要，或者通过自己的努力为皇帝付出，和皇帝建立关系吗？难道这一切都是出于太监对皇帝的爱吗？当然不是，真正的原因是太监如果不这么做，就会被皇帝处决。皇帝和太监的互动关系看似是一种非常愉快的合作，实际却充满恐惧与仇恨。正因为如此，历史上有些太监一旦有了足够的势力，就想颠覆皇帝的统治。皇帝和太监的关系是对立的，他们对彼此没有爱，而是只想掌控对方，太监对皇帝的付出只是一种讨好和取悦罢了。

案例 2-4 中的女孩也是类似的情况，她必须通过讨好、取悦的方式才能和别人建立关系。这种关系即使建立起来也是一种对立的关系。在这种关系的互动中，她很可能会产生责怪对方的想法，对对方心存愤怒与恐惧，而不会爱对方。这一点是最重要的，也是问题的核心所在。

充满黑暗和恐惧的世界

世界观是指一个人如何看待这个世界。如果一个人只有一直处在付出或者对别人好的状态中才能和别人建立关系，得到别人的善待，他就会把别人都视为不断索取的"恶魔"。之所以会有这种世界观，是因为他认为周围每一个人、每一段关系的对象都是索取者，这些人全都非常自私、严厉、苛刻，全都在剥削他。

正因为有这样扭曲的世界观，他才会认为，自己只有付出才能算是一个好人，一旦停止付出，其他人就会给他一些不好的评价甚至指责他。这时，他就会感觉周围的每个人都在向其索取和剥削。身处这样的世界中，人会产生深深的无力感，容易觉得特别疲惫。因为自己可提供的资源有限，就算牺牲自己每天不断付出，也无法满足周围人的需要和索取，所以就会认为周围的人全都是坏人，都很自私，只知索取，不知付出。这样一来，人自然会非常排斥这个世界，无法从中得到任何温暖、鼓励和友爱。对他而言，这个世界是黑暗的，充满恐惧的。

愧疚与控制——迎合性的投射性认同

此处的投射性认同是一种防御机制，也是一种和别人建立关系的模式。不过，这种关系模式更多的是无意识的，而且一旦进入这种模式，双方就会按照其中一方设定好的方式来对待彼此，且双方都对此毫无察觉。在这种条件下，人与人之间的关系是一方"勾引"另一方的结果，对方以何种方式对待我，全因我对对方的"勾引"。

案例 2-4 中的情况就是一种取悦性或迎合性的投射性认同。具体来说就是我对你那么好，你也应该对我好一些，否则你就是个坏人。正如前文所述，我之所以需要小心翼翼地对待这个女孩，甚至不敢将一些真实的东西呈现给她，原因就在于这个女孩会让人产生愧疚感：她对对方这么好，对方若不对她好一点，就会产生愧疚。这种愧疚感即所谓的愧疚感控制，也就是通过让别人产生愧疚的方式控制双方的关系或控制对方。这便是迎合性的投射性认同的核心所在。在这个女孩和别人建立的关系中，如果对方从她这里得到了好处，却对她不够好，对这种关系不够小心翼翼，或想脱离这种关系，那他就有可能对这个女孩产生愧疚感。他的想法是这样的：女孩对我这么好，我却要离开她（或者女孩对我这么好，我却不肯接受），我真是太糟糕了。

因此，利用迎合性的投射性认同和别人建立的关系会让双方纠缠在一起，结果却令每一方都很委屈。女孩会委屈：我为你付出了这么多，你却不曾以真心待我。对方同样很委屈：你为我付出的一切并不是我所需要的，我却不能表达自己的真实感受；我想离开你，又感到深深的愧疚，好像在伤害你，只能小心翼翼地对待这个对我好的你；我并不想接受你对我的好，却不能离开你，只能和你纠缠在一起，这让我很不舒服。

对"典型好人"的梳理

总结一下，案例2-4中的女孩或"典型好人"都要依赖别人才能生存。处在这种关系中的人，就像在扮演一个照顾婴儿的好妈妈的角色，内心渴望有一个人像我对待他一样对待我。一个人变成这样往往有一个过程，下文来简单分析一下这个过程。

以案例2-4中的女孩为例，她出生时可能不受父母欢迎。最初，父母给她的定位、标签就是"我们不欢迎的人""给我们造成负担的人"。于是，她从一开始就被父母剥夺了自我价值的核心部分，认为自己是个不受欢迎的人，来到世界上就是为了给别人尤其是父母添麻烦的。在成长的过程中，她会承担一些本应由父母承担的责任。父母在照顾她时，甚至会不断地向她传达一些不良信息：你的出生给我们造成了很多麻烦，我们这么辛苦都是为了你，所以你必须为我们付出，否则你就是个坏孩子，是个自私的家伙，该受到惩罚。当她犯了一些错误，或没有承担起本该由父母承担的责任时，父母就会责怪她，甚至惩罚她。从很小的时候，她就要小心翼翼地看父母的脸色，不断讨好、取悦父母，承担一些本不该由她承担、她也无力承担的责任，否则父母就会责怪她，她也会责怪自己。

那么，她为什么要责怪自己呢？因为一旦发现自己需要由别人来满足，她就会感到恐慌。父母非但不会满足她，反而会责怪她为什么这么麻烦，为什么又来向他们讨要东西。比如这样一种情况：一位妈妈不断付出和牺牲自我，一边要做很多家务，一边还要照顾孩子，内心充满怨恨。如果孩子对她说，妈妈我想让你陪我玩，妈妈可能会恶狠狠地对孩子说："你能不能让我消停一下，你是不是想要累死我？"父母如果经常以这种方式对待孩子，孩子就会接收到这样一种信息：我是坏人，我可能会害死爸爸妈妈。孩子会感到深深的羞耻并牢牢记住这种感觉。日后，当孩子对别人有需要时，同样会感到羞耻：我对别人没有好处，只有害处，我是坏人，是累赘，是负担。案例 2-4 中的女孩在对别人有需要时，首先感受到的也是羞耻。除了羞耻，她还感到愧疚。当她对别人提出要求却遭到拒绝时，她会觉得自己伤害了别人，因而心生愧疚。无论是羞耻还是愧疚，都让她难以接受。为了避免羞耻和愧疚，她只能不断为别人付出，取悦别人，同时对别人没有任何要求，拒绝接受别人的礼物。只有这样，她才能远离羞耻和愧疚。一旦接受了别人的礼物或停止付出，羞耻感和愧疚感马上又会涌上来，这是她不愿面对和接受的。在这个过程中，女孩就变成了"典型好人"。

当一个人戴上"典型好人"的面具时，内心会有怎样的真实感受？可能会觉得这个世界上的人都冷漠自私：他们不会对我好，只想让我承担更多责任，攫取我的资源，伸手向我索取，并对我的痛苦毫无感知。"典型好人"会认为周遭全是坏人，因为好人的对立面一定是坏人，好坏是一种对立的状态，当我扮演好人时，外面便全都是坏人。这样一来，"典型好人"就把自我满足的一些自私想法全都投射给了别人，因为只有通过这种投射，把别人变成自己心目中自私、严厉、苛刻的人，"典型好人"才能保持"好人"的状态，才能说自己在所有的人际关系中都是付出者。

　　与此同时，"典型好人"的内心还有这样一种声音：我为你付出了一切，你必须为我负责。所以"典型好人"一直在寻找一个无所不能的"完美妈妈"。如果对方无法扮演这一角色，她就自己扮演，让对方扮演被妈妈照顾的婴儿。可只要对方能满足自己的一点需求，"典型好人"就会让对方扮演"完美妈妈"的角色，要求对方留意自己所有的喜怒哀乐。如果对方没能做到，就是对自己不够好，就是坏人，是"坏妈妈"。

　　"典型好人"无法与别人建立真诚的互惠互利的关系，而是会建立一种掌控的关系，一方是付出者，另一方是索取者。这种关系是相互对立的，其中充斥着委屈与仇恨、不甘、不平、悲伤与恐惧。

怎样摘掉"典型好人"的面具

　　那么怎样才能摘掉"典型好人"的面具？上述分析其实已就这个问题做了深度思考，下面是一些具体的建议。

第一，走出去看看这个世界。

走出去以后，我们会发现这个世界并没有想象中那么可怕，周围的人也不需要我们为他们做什么。所谓"他们要求我们付出"，只是我们的一种自以为是的想法，并不是真实发生的事情。

第二，试着接受别人的礼物。

当别人送我们礼物时，要试着接受。即便在接受的过程中，可能会产生一种愧疚的体验，坦然面对这种体验就好，不必为避免这种体验而采取任何行动。比如接受了别人的礼物，马上就想着送一份更贵重的礼物作为回报，这种互动会把双方的关系变成相互利用的关系，要么把自己物化，要么把对方物化，让双方不再是两个真正的人。

第三，试着对自己好。

对自己好包括保护自己的资源，即便自己有金山银山，也有权利把它们全部留给自己享用，不分给别人。这要求我们必须停止之前所谓的付出。我们可以付出，但是必须心甘情愿，不能带着怨恨或恐慌去付出。只有不再被恐慌所裹挟，才能用一种满足的、体验良好的方式进行人际关系之间的互动。

第四，试着欣赏自己。

此处的欣赏自己主要包括三点：第一点，要承认自己是有价值的；第二点，要承认自己是值得被爱的；第三点，一定要打破"我是个累赘、会伤害别人"的执念，同时满足自己的一些需求。这种自我满足可以是想吃某种美食，可以不带任何纠结地去满足自己；想要一件衣服，可以直接买下来当成礼物送给自己。在这种过程中，能收获一种满足的体验。吃美食时，要感受吃的过程，而不是思考这种美食很贵，吃了以后应该怎样。过去我们会因为吃美食而产生罪恶感，但这种罪恶感其实并非我们的真实感觉，而是别人强加给我们的。要得到满足的体验，就要专注于"吃自己喜欢的美食"这一过程，试着自我欣赏、自我觉察、自我满足，如此就能感到自己是值得被满足的。即使周围所有人真的都很自私，都不断索取，都不想满足我们，我们也可以在这一刻扮演一个满足自己的角色。

第五，试着相信别人。

要知道每个人都很忙，都有自己的世界，即使我们和他人建立了某种关系，他人也依旧有自己的生活，有自己的思想，有满足自己的一些方式和方法。相信别人就是当别人要求我们为他们做什么事时，可以试着去拒绝。在拒绝的过程中，我们的内心可能会感到恐慌，担心因为拒绝了他，对方就不喜欢我了，就要离开我。可这种恐慌只是一种自我感受，并不一定会真实发生。所以要试着拒绝对方一次，然后观察对方会怎么做。对方在被拒绝后，可能会用他自己的方式做到了那件事。有了这样的经验，我们就可以试着去相信别人有能力自我满足。我们可以自我满足，当然也该相信别人也能自我满足。实现自我满足后，别人并不一定会回过头来责备我们。

第六，打破无所不能的自恋感。

这点非常重要。"典型好人"有时只是戴着自认为自己无所不能的自恋面具，想要打破这个面具，就要认识到自己不过是普通人。在此基础上，再试着去理解自己：我有自己的私心、需要和诉求，有想和别人建立关系的愿望，也有自己做不到的事。打破无所不能的自恋感，人就能恢复到一种比较真诚、真实的状态，并在这种状态中和别人建立关系。这种关系才是脚踏实地的，才能让我们体验彼此的互动，看到别人对我们并非只有索取和要求，还有给予和满足。只有这样，才能体验到真正的人际关系。

不是只有一直陪在别人身边，不断为其付出，才能与其建立关系。在这种情况下建立的关系其实是一种单方面掌控的愿望，不是真正合理的互动关系。举个很简单的例子，当你有一些诉求，比如希望男朋友陪在身边时，可以直接告诉他"我真的很想你陪我一下，我很孤单"。你要先表达出这一诉求，再根据对方的反应做出反应，而不是担心对方不会放下手边的事陪伴自己，就认为表达诉求没有用。这种想法是一种执念，类似于认为这个世界是灰暗的，会伤害我们。在察觉这种执念后，就要放下执念，试着以真实的自我和他人互动，表达自己的诉求。

只有打破自恋，重新看待这个世界和人际关系，才能摘下"典型好人"的面具，体验真正的人际关系，和人建立深度连接。如果做不到这一点，自以为是、孤芳自赏的悲剧就可能不断在自己身上重演，不断在想象中和人建立互动关系，但自己真实的世界却空无一人。

除了以上几点，还可以去找专业的心理咨询师，与之建立关系，慢慢体会这种关系的种种细节。通过这种方式，也能改变自己的认知，体会自己内心的真情实感，感受真实人际关系中的互动，最终摘下"典型好人"的面具。

第三章
与亲近的人的相处模式

只求过得不好不坏，可能会活成一潭死水

案例 3-1

本人已婚已育，在 IT 行业从事产品设计工作。我从小就不断被妈妈否定，感觉自己从来没让妈妈满意过。学习成绩永远是中游；各种游戏都会玩，但也都是不好不坏。人生好像和不好不坏"杠"上了。工作或做其他事时，我总是没办法完全投入，或者只能维持很短的投入时间，并且之后必须休息很久，才能重燃对这件事的热情。哪怕对自己非常热衷的事情也是如此。我感觉自己永远无法升职，只能做基础的工作。听妈妈说，我外公就是这样的，三舅也是这样的，他们都没什么大成就。妈妈经常耳提面命，提醒我要改变，我也知道这样不好，很想改变，但就是做不到。我想问问：一直处在不好不坏的状态中，做任何事都无法全身心投入，这种情况要怎么改变呢？

（引自一位 31 岁女士的自述）

保持不好不坏的状态，有哪些甜头

这位朋友提出的问题很具有代表性，我想很多人都有过类似的困惑。我们来仔细看看这位朋友的问题，她在陈述中对自己做出了相当强烈的否定，也就是说，她认同了从小到大从母亲那里接收的否定。现在的她好像已经把母亲对自己的苛刻、挑剔，内化成了自己的一部分，所以她对自己也有诸多挑剔。比如她提到自己不好不坏，对任何事都没有太大热情，只能做基础工作，无法升职；提到自己的外公是这样，三舅是这样，自己也是这样。自己也想做出改变，却力不从心。显然，在提出这些问题时，她站在了对自己十分苛刻、挑剔的立场上。一个人对自己如此苛刻、挑剔，他会产生什么感受呢？我想这种感受应该不会太好。

著名心理学家卡伦·霍妮曾说，一个人要想真正有所成长，必须在洞悉并坦然接受自己的同时，有所追求。这句话比较拗口，可以从中寻找重点来帮自己理解。第一个重点是真正有所成长，第二个重点是在洞悉并坦然接受自己的同时，有所追求。

先从三个方面解释一下什么是真正的成长。我们看到案例 3-1 中，这位朋友很想破除目前这种不好不坏的状态，这表明她自身有种想要成长的动力。可是这种不好不坏的状态并不完全是坏事，反过来也能带来好处。

第一，能让人感到安全。

为什么会感到安全呢？一个挑剔的妈妈经常对自己的孩子说你这样不好，那样不好，孩子为了让妈妈更少地指责或挑剔自己，就会尽量做到无功无过。以考试为例，如果考了满分，可能会让妈妈产生很高的期望，会给自己造成很大压力；如果考了六七十分，可能会让妈妈感到失望而大发雷霆，甚至对孩子进行羞辱。孩子慢慢发现考八十分就算是无功无过了，所以总是考八十分左右，在学校不是上游，也不是下游，而是中游。长大以后，发现一直保持这种状态其实是最安全的，虽然难以获得晋升，但也不会被淘汰。如果我们内心追求一种比较安全、踏实的感觉，就能从这种不好不坏的状态中得到满足。

第二，能在家庭中得到完全的认同。

案例 3-1 中的朋友提到，她的外公、三舅也都处于这种不好不坏的状态，她的母亲可能也是如此。和亲人处在同一种状态，就能从家庭中得到认同，产生归属感。这类似于如果孩子在长相、行为方式、特长等方面很像父母，父母就会感到骄傲，还会夸赞孩子，从中获得一种自恋的满足。这样成长起来的孩子，在家庭中就会自然而然地产生归属感，和家庭成员建立连接。相反，一个非常特立独行的人在和家庭成员相处时，就很可能会产生各种冲突。所谓"木秀于林，风必摧之"，这种对个人而言更好的状态却可能刺激一些家庭成员，让他们心生嫉妒或心理失衡。因此，不好不坏的状态既是对家庭成员的一种认同，也让人更容易获得家人的认同，能更好地融入家庭。

第三，能对父母产生深度认同。

我们对父母的深度认同分为两种类型：第一种是成为和他们一样的人，就是"我最终成了你"；第二种是成为他们最不希望看到的人。叛逆的孩子就属于后者，但其实这也是一种深度认同。当我们成为父母最不希望看到的人时，就从内心满足了我们一种很有趣的无意识动机：面对父母的挑剔或指责，我们可以通过这种"反其道而行之"的方式表达内心的愤怒，对他们进行攻击。举个例子，一个特别焦虑的母亲希望孩子做事能快一点，不要拖拖拉拉。可她越催促，孩子动作越慢，系鞋带也好，吃饭也好，写字也好，都越来越慢。这其实是孩子对母亲的攻击，或者说，是孩子针对母亲对待自己的方式做出的反击。这是孩子保护自己最重要的方式，但这种方式是被动的，而非主动的。孩子用这种不好不坏的状态证明父母的失败，有点损人不利己。可是人的无意识中有这种需要，这是攻击的需要，也是对愤怒的表达。

自我削弱

从以上三点来看，保持不好不坏的状态可能是出于一种无意识的动机。虽然大家会觉得这些好处和平时我们认为的好处很不一样，但毕竟趋利避害是人的本能，我们能保持一种状态，就证明一定能从这种状态中得到好处。这种不好不坏的状态，可能正是我们自己的选择。

不过，一个比较挑剔的妈妈看到自己的孩子处在这种不好不坏的状态中，总会希望孩子能更努力一些，再上进一些，以满足自己的期望。可是妈妈的期望未必是根据孩子的实际情况确定的，可能只是她凭空想象出来的，是她内心理想自我的一种投射。而孩子在被过高要求时，内心就会产生对抗的愿望。孩子处在不好不坏的状态中，就能和妈妈期望的理想状态切割开来。孩子在用这种方式告诉妈妈：我没有能力达成你的愿望，也不想达成你的愿望。孩子可以完成一种对妈妈的攻击。面对挑剔、苛刻的妈妈，孩子内心必然会产生上述对抗的愿望。孩子想对抗自己的妈妈，因为对抗既能保持自我的完整，又能让自己按照自己的意愿发展，不必成为妈妈的工具或妈妈的一部分。

再来看看案例 3-1 中的这位女士，她一直在和妈妈进行一场"战争"。一方面，女儿已将挑剔、苛刻的妈妈内化为自己的一部分；另一方面，女儿的内心一直想得到妈妈的认同，却无法如愿。如果妈妈一直严苛地要求孩子，而孩子又无法满足妈妈的要求，那么孩子和妈妈产生矛盾是必然的。孩子会认为妈妈这样对待自己是错误的，是不应该的，所以要用某种方式回应妈妈，不让她如愿。就这样，这位女士与妈妈之间的"战争"爆发了。在这场"战争"中，她和妈妈的情绪、价值观纠缠在一起，根本无法确定自己真正想要什么，以及自己是什么样的人。

与此同时，案例 3-1 中的这位女士也在爱妈妈、保护妈妈，认为妈妈说的话都是对的，想听妈妈的话。这是一种深层次的保护，但她采取的行动，或者说成为的那个人，并不符合妈妈的要求。因为她是在内心保护妈妈，想和妈妈建立一种深度的连接，所以才会提出上述问题，寻求解答。

如果我们内心一直想保护自己的父母，可能就不愿离开父母，或者说不愿让父母离开自己，这样就能始终和父母保持连接。一些女孩不愿出嫁，一直待在家里，不少人都认为这是因为女孩子有点挑剔，找不到对的人，这是从理智层面所做的分析。若从家庭动力层面进行分析，有些人不愿出嫁或娶妻，宁愿待在家里，可能是因为他们想承担照顾父母的责任。正因如此，我经常会问一些人，你不愿离开原生家庭去组建自己的小家，是不是为了照顾原生家庭中的某个人，如果答案是肯定的，那个人又是谁。

上文提到，我们要洞悉自己，要找出自己在意识层面和无意识层面的动机。我们进入当前这种状态一定是有动机的，或者说一定是受某种动力驱使的。经过上述分析，我们已经找到了相应的动机，接下来就要看如何坦然接受这种不好不坏的状态。

想做到坦然接受，首先就不要否定这种状态，毕竟我们也从中得到了一些好处。当然，在希望有所突破时，这种状态会成为阻碍，但不管怎样，暂时将这种状态视为自己目前的真实状态就好。相较于一味地责怪自己，"暂时接受"带来的感觉就会好很多。如果感觉自己目前真实的状态不好不坏，不妨选择坦然接受这种状态。

突破"舒适区"，人生才能改变

在此要明确一点，不好不坏的状态也属于一种舒适区。有时，我们会渴望自由和成长，但自由和成长都要付出沉重的代价，要拿出巨大的勇气。这就好像我们待在一个屋子里，屋子并不好，我们并不满意，但如果走出屋子，就要面对豺狼虎豹、风雪严寒、水深火热，相比之下，还是待在屋子里比较安全。这便是人类的天性。当然，人也会选择走出舒适区，但那种选择大多不是主动的，而是顺着人类天性做出的被动选择，或者说是权衡利弊做出的无奈选择。打破舒适区是需要极大的勇气和决心的。

成长一定要有动机或者说动力，人要明确自己到底想成为什么样的人。我们经常提到，是想成为更好的自己还是想成为别人。想到要成为别人，我们内心自然会产生抗拒。就好像小时候听到妈妈说"你看隔壁小明……，你应该向他学习"时，我们就会产生挫败感或者感到嫉妒、失落、沮丧等。当然，这其中还包括一种不情不愿的感受：我为什么要变成小明，我就是我。

我们要明确自己改变的动机究竟是什么，是为了成为更好的自己，还是为了成为那个妈妈特别羡慕和欣赏的人。从根本上来说，每个人都抗拒成为另外一个人，在努力成为另外一个人的过程中，我们会再次感受到被妈妈忽略的失落与悲伤。因此，我们不可能成为另外一个人，只能成为自己。

现在来分析一下，改变自己有什么好处。孩子很早就会被灌输好坏、对错的概念，为什么呢？因为知道好坏、对错的孩子更易管教：做得对就是好孩子，做错了就是坏孩子；你是好孩子父母就爱你，你是坏孩子父母就不喜欢你。这种管教孩子的模式被很多人认同和践行。处于这样的模式中，孩子会不停地思考自己现在的状态是对是错，是好是坏。但成年人的世界不是这样的，我们在思考改变自己的动机时，会分析这样做能给我们带来什么好处。所以说成年人是讲究利弊的，只看好处和坏处。不过，现在我们试着不考虑利弊，只考虑改变以及如何改变。

举个最简单的例子，一个人想通过跑步提高身体素质，他看到有人每天跑八千米，而那个人身体很强壮，让人羡慕。于是他也定了每天跑八千米的目标，他有没有能力在第一次跑步时就跑八千米呢？很可能没有。在这种情况下，我们应该先给自己设定一个小目标，这个目标是自己踮着脚就能够达成、达成后会有一些满足感的。可以先尝试一点一点地满足自己，有了满足感，才有继续努力的动力。自我满足是人生中一门重要的必修课。

比如跑步，不妨先设定一个每天跑两千米的小目标。一开始跑两千米确实也有些困难，但还是可以坚持下来的。完成这个目标后，人会相信自己能做到一些事，改变的自信也就建立起来了。之后再慢慢设定稍大的目标，比如一星期后每天跑三千米或四千米。在这个循序渐进的过程中，我们会

重新发现自己，确定自己能做到一些事。过去那种认为自己
什么都做不来、做什么都无法投入的不合理认知或者执念，
就会被自己点滴积累的成就感慢慢抵消。等最后真的跑到了
八千米，并坚持了一两个月后，就会发现自己是一个多么顽
强又有毅力的人，自信心也会大大提升。

　　成年人做事考量的是好处与坏处，这个提升信心的过程
不同于别人夸我们好或漂亮，不是别人判断我们，而是我们
自己能真真切切地感受到的好处。感受到这些好处后，就
会发现自己已经开始热衷于做这件事。如此一来，做事的主
观动机或者说主观动力就出现了。有了这样的动机，我们就
不再是用意志力坚持做一件事情，也不再是别人要求我们或
我们要求自己做一件事，而是享受做这件事，享受当下的感
觉。这是一种深度的自我满足，一旦达到了这种深度的自我
满足，不管做什么，我们都一定会"坚持"下去。

　　接下来，请试着理解一下即时满足和延迟满足这两个概
念。即时满足是本能的需要，延迟满足则是一种能力。跑
步其实也是在训练自己延迟满足的能力，也就是说，虽然

今天甚至一星期后你都无法实现跑八千米的目标，但从完成一些小目标开始，循序渐进，最终有一天一定能跑八千米，虽然这可能需要几个月时间。我们会发现，在此期间自己延迟满足的能力日益增强。要试着在一些事情上做到延迟满足。做事时，我们通常在一开始很有激情，结果三分钟热度，后来干脆放弃了，之所以不能完全投入，就是因为缺乏延迟满足的能力，所以我们可以有针对性地训练这种能力。

最后还有一点，要给自己犯错的机会。我们在做出一些尝试时会发现，效果可能并不好，会有失误，也会走一些弯路，甚至经历短期的挫折和失败。没关系，人生本身就是一个试错的过程。我们的人生是自己的，由自己负责，我们不需要对他人交代什么，完全可以给自己试错的机会。

当我们开始为自己负责时，人生的改变就正式开始了。我们原本是接受妈妈的评价、想和妈妈建立深度连接的"孩子"，现在要开始慢慢脱离妈妈，成为真正的自己。不要再讨论妈妈以前怎样对待我们了，那是以前，成年后我们可以主动为自己做出选择，探索自己的未来。尽管这一过程难免会有一些担心或害怕，但还是应该对未来保持好奇，这样我们的人生才会发生可喜的改变。

🍁

如何帮助总是消极思考问题的朋友

案例 3-2

　　身边有些朋友负能量比较多，看问题比较消极。比如，讨论一个普通的问题时，朋友总是从负面角度分析，甚至用阴谋论猜测别人的动机。我想请问一下，如何帮助这些总是消极思考问题的朋友呢？

（引自一位 29 岁男士的自述）

我是如何放弃改变妈妈的

这位男士的问题可以引申成"如何改变我妈妈总是希望我变成隔壁小明的心理"。朋友和妈妈有什么关系呢？我解释一下。在成长过程中，我们经常会被拿来作比较，而比较的对象往往是别人家的孩子，比如隔壁小明。这种比较常让我们感到失落，因为我们会发现自己没办法做到和小明一样。这时，我们一方面非常羡慕小明，另一方面又很嫉妒他，很愤怒。问题的关键在于，父母希望我们变得和小明一样，这让我们觉得父母总想改变我们，而且他们改变的方式往往是通过"我为你好"这种苦口婆心的教育，以及各种各样的奖励、惩罚、诱惑等。总之，他们就是想改变我们，却坚持说这不是改变，而是希望我们能成长。

我自己对上述问题有切身体会。现在来说说我和妈妈的例子，说说我是如何放弃改变妈妈的。这也可以让那位提出问题的男士思考一下，要不要放弃改变自己的朋友。

我妈妈是个比较焦虑的人，这种焦虑的特质是由她的成长环境造就的，包括她的人际关系、幼年遭遇。对于这个世界，她总是充满恐惧，总觉得别人会伤害自己。她待人非常友善，当然有时也会带有一点讨好。同时，她又总是担心自己的利益得不到保障，担心别人会对自己不利。在她看来，这个世界对她的孩子，也就是对我，也是如此。我二十几岁时身强体壮，她却对我说，你出去时要小心，别被人骗了，别被人欺负。我经常和她说，妈妈，其实这个世界上没有那么多人会欺负你儿子，就算有人欺负我，我也有能力保护自己。可她始终不肯相信。

我总想改变她对待我的方式，或者说改变我在她心目中的形象。小时候刚懂事时，我就试图改变她。然而，很可惜，我现在四十多岁了，她还是老样子。每次我离家远行，她都会叮嘱我出门在外要小心，别被人算计了等。看到一些不好的社会新闻，她总会担心这种事情会不会发生在我身上。她一直在用我们所说的阴谋论看待这个世界。她的内心充满不安和对伤害的恐惧，所以在面对这个世界时，她永远处于自我保护、特殊防御和抗拒的状态。

后来我终于意识到，她的世界就是那样的，而我的世界和她的世界很不一样，所以我们对待世界的方式也有很大不同。从此，我接受了她那种状态，不再试图改变她。在与她沟通交流时，我更多的是用她的方式理解她。这并不是说我认同她的想法，只是我理解了她为什么会是那种状态。当然，在理解了这点后，我更是彻底放弃了改变她、帮助她的想法。结果，我和她的关系反而更和谐了。她说什么我就只是听着，谈到一些事情时，我通常不会表明自己的态度，而会试着按照她理解世界的方式去考虑她的感受。这之后我们每次聊天反而能聊得很融洽。

改变别人能给我们带来什么好处

发现妈妈露出悲伤或焦虑的表情时，年幼的孩子一般会有两种反应：一是觉得很不舒服，希望妈妈能开心一点，不要总是愁眉苦脸；二是考虑如何帮助妈妈。比如当妈妈说起对未来的忧虑时，一些小孩子尤其是四五岁的男孩可能会说："妈妈，我长大后会给你买大房子，让你过上幸福的生活。"这样妈妈就会很开心，这种开心会让孩子拥有非常强烈的价值感，产生满足感。这种价值感和满足感会使孩子相信自己真能通过努力改变妈妈的命运，改变她的喜怒哀乐，改变她对这个世界的体验。孩子长大后，会认为自己已经拥有了这种能力。当他在成年人的关系中发现与妈妈类似的人时，就会特别想帮助对方，这会让他觉得自己很有价值。而帮助对方的方式，就是改变对方，比如改变对方的世界观、人生观、价值观。

案例 3-2 中这位男士之所以提出他的问题，很可能就出于这种心态。他的朋友看事情比较悲观，一直处在消极的状态中，如果自己能帮朋友做出改变，朋友的人生可能会变得更加阳光，更加积极，更加幸福。这是理智告诉他的，他也相信事实就是如此，所以才想帮助、改变朋友。这个愿望当然非常好，但决定权在朋友手上。朋友是成年人，会努力对自己的生命负责。产生想要改变朋友的愿望时，应该先去了解一下朋友为什么会变成这样，也许是因为他能从这种状态中得到一些好处，比如产生满足感。

那么，改变别人对我们有什么好处呢？我认为好处有很多，尤其是当对方和我们处于某种亲密关系时。很多人都想改变自己的伴侣，很多妈妈都想改变自己的孩子。在试图改变对方时，人们一定能从中得到很多好处。比如妈妈看到自己的孩子越来越好，会产生一种自恋的满足：因为我的努力，孩子变好了，孩子是我的，孩子好等于我好。

再从另外一个角度分析这种好处。这个世界上有两件事特别难做：第一，把别人口袋里的钱放到自己口袋里；第二，把自己的思想装到别人头脑里。如果能成功地改变对方，就意味着我们把自己的思想装到了别人头脑里，就能很好地掌控对方。这里所说的掌控，并不是把对方绑住关起来，掌控对方最好的方式是把对方完全变成我们的一部分，让他认同我们的观点，变成和我们一样的人。这是一种深层次的掌控，这种体验对人来说简直妙不可言。古代君王特别希望掌控每一个臣子，一些老师则希望掌控每一个学生。如果我们能掌控身边的朋友，就能让周围的世界按照我们理想中的模式运行。这是一种很特别的感觉，会让人充满成就感。

另外，希望改变朋友，把他变得更好，这种"好"就是通过自己的"好"施加影响，最终把朋友变成另外一个自己。这样一来，世上就多了一个认同自己、和自己一样的人，自己就不会特别孤单了。

很多人很愿意告诉别人一件事的对错，以及具体怎么做更好，即所谓"好为人师"。其实，做别人的老师是一种非常好的感觉，因为老师只负责出主意，而对方负责执行，执行过程中遇到任何困难都是对方的事，但一旦事情成功了，功劳却是自己的。

从精神分析角度看，一个人如果不断关注别人的弱点或缺点，就像是把内心不能接受的那部分自己给了别人，这样做的感觉非常好。好比一对夫妻，丈夫挥霍无度，妻子勤俭节约，这样的两个人为什么会在一起呢？妻子为什么不离开丈夫呢？因为离开后，她只能面对并承受自己勤俭节约的一些想法，而无法满足内心想要挥霍或任性的欲望，这会在她的内心造成强烈的冲突感。而若是把内心不能接受的那部分自己丢给别人，再去改变对方，这种感觉就会好很多。一方面，她不用再承受痛苦和冲动；另一方面，如果真的改变了对方，她就会感到很满足。

所以，案例 3-2 中这位男士，如果你觉得身边的朋友总是用消极的方式看待世界，他们身上有很多负能量，那你就要反过来问问自己：你是不是也经常用负面的方式看待别人，揣度别人的想法？如果答案是肯定的，你自己又是怎么应对的呢？

如果我们能改变别人或能帮助别人，我们就会成为对方生命中很重要的一个人，从而体会到被对方需要的感觉。这种被需要的感觉能让我们体验到价值感的增强。内心价值感越低的人，就越有可能把自己变成被别人需要的人。因为越是被对方需要，自我介值感就越强。

如果你试图改变别人，请放弃

我为什么主张不要试图改变别人呢？这其实牵涉了另一个问题，即人与人的边界。所谓人与人的边界，应该是：你是你，我是我，你的是你的，我的是我的，哪怕你我是很好的朋友，你的还是你的，我的也还是我的。如何划分这种边界呢？当我们怀着一种非常强烈且主动的愿望想要改变对方时，就会陷入你我不分的状态。这时，我们对人最起码的尊重其实已经不复存在了。什么是尊重呢？尊重就是我们承认并接受对方本来的样子，不向对方压力和威胁。试想，直接告诉朋友你不能这样对待世界，这种做法本身是不是有点问题，会不会对朋友造成压力呢？朋友可能本来就非常敏感，战战兢兢，如果你直接和他说这种话，他会不会觉得你在向他施加压力和威胁？

案例 3-2 中这位男士想改变自己的朋友。那么，我们为什么会想改变别人呢？通常，这是因为我们认为别人对待世界的方式是错误的、不够好的，所以才想改变别人、"帮助"别人。这个过程有四道程序：第一，指出对方这种方式不好或有害，这是我们给对方的评价；第二，告诉对方需要做出改变，这是我们给出的类似人生哲学的建议；第三，告诉对方我们会改变他，他只要听话就好；第四，我们一定还会给对方一个承诺，即他做出改变后会怎样。可是除非对方真的做出一些改变，否则他不可能真正体会到自己改变以后会怎样。所以从根本上来说，我们现在对他的承诺只是空头支票。

当说出对方对待世界的方式可能不够好时，这句话里就已经包含了一种标签。或者，我们正在对对方评头论足，这是一种攻击性行为。这时就要提到这样一句话："甲之蜜糖，乙之砒霜。"为什么这样说？因为人与人之间有很多差异，各种各样的人共同组成了这个五彩斑斓、千变万化的世界。人类之所以有探究世界的欲望，对世界怀有好奇心，就是因为世界的多元性和复杂性。做心理咨询工作时，我发现与我讨论问题的来访者会表现出各种不同的价值观。如果我总想着"帮助"他们、改变他们，最后只能改造出很多个我。当然，这种情况不可能出现，就算出现了也只能满足我个人，让我成为一个非常厉害的心理咨询师。不过，心理咨询工作有一项原则叫不求不助，即如果对方没有求助的愿望，我就不会主动帮助他。另一方面，如果对方有求助的愿望，我会为他做一面"镜子"或一个"容器"，让他自己发现自己的一些问题。如果他想改变自己，可能会征求我的意见，但我不会给出太多建议，更多地会和他一起讨论应以怎样的方式思考问题。

现在来分析一下，为什么有些人总是以消极的方式看待这个世界。原因其实很简单，因为这些人相信这就是一个消极的世界，不是阳光明媚的世界。如果一个母亲有这样的世界观，或对世界安全性有这样的体验，她幼小的孩子只会完全认同她。只要觉得世界不安全，我们就一定会采取某种方式做出防御，让自己能够在这个世界生存。消极看待世界就属于方式之一，这种世界观能让我们和这个世界实现自洽的共存或互动。当然，很多东西都无法界定好与坏，但无论采取何种做法，都要承担相应的后果。比如案例 3-2 中，这位男士的朋友正处在消极状态中，他必然会在生活中遭遇一些不顺遂或困惑，这就是他要承担的后果。

再来具体分析一下阴谋论，这其实是心理学上一种投射的概念。比如"疑邻偷斧"就是一种典型的阴谋论，也是心理学上的一种投射：我们认为隔壁张三偷了我们的斧子，再去观察张三时，我们就会觉得他走路的姿势、说话的表情全都像一个偷了斧子的人。后来有一天，我们在家里找到了自己的斧子，这时可能会认为张三的确偷了斧子，只不过又偷偷还回来了，也可能认为自己错怪了张三，他并没有偷斧子。只有通过检验发现自己错怪了张三时，我们才不会再以"疑邻偷斧"的方式看待张三的种种行为。

说了这么多，我并没有明确解答如何改变那些总是消极思考问题的朋友。现在大家不妨问自己三个问题：第一，你是否能改变他人的三观；第二，你为什么要改变他人的三观；第三，你能从这种改变中得到什么好处。请你认真解答完这三个问题，再来看看你和朋友的关系。这时，你还会有强烈的愿望想要"帮助"、改变你的朋友吗？

　　如果真的把对方当成朋友，就不要试图改变他或积极主动地"帮助"他。如果朋友向我们倾诉他在生活中的一些困扰和情绪，我们就仔细倾听，用心陪伴。至于他的人生和他将来要走的路，都是他自己的选择。我们在为他提供建议时，一定要慎之又慎。因为你认为正确的，不一定是适合他的，正所谓"甲之蜜糖，乙之砒霜"。作为朋友，我们当然希望他能变得更好。可是用心陪伴他，理解他，对他而言才是朋友之间最好的帮助。

　　其实，即使朋友主动向我们求助，我们能提供的帮助也很有限。毕竟每个人都要为自己的人生负责，就算是朋友也帮不上太多忙。因为我是心理咨询师，所以经常会有朋友在发现自己有些困惑时想和我聊一聊。我会对他们说："我可以听你倾诉，但如果你想做真正的心理咨询，最好不要找我，毕竟我是你的朋友，我可以介绍同行给你，这样心理咨询的效果会更好。"这就是我帮助朋友的方式之一。

　　如果主动"帮助"朋友，我们和朋友的关系就变成了一种凌乱的双重关系。在这种关系中，朋友会感到压力，不知该用何种方式回应，所以还是放弃"帮助"朋友的想法吧。如果实在看不过去，就问问朋友有没有不舒服，要不要找个人聊聊。注意只是聊聊，若朋友问他该怎么办，我通常会告诉他，我在这种处境下会怎么办，但并不代表他也要这么办。

第四章
学会经营与他人的关系

在他人面前，怎样才能落落大方

案例 4-1

我出身农村，家里农活很多，姐妹也比较多。小时候家里生活比较拮据，我想穿漂亮的衣服却没有，这导致我性格比较敏感。念小学时，有位老师说我脑子笨，从此我变得很不自信。每次在课堂上被老师提问或点名读文章，我都会紧张到声音发颤。大学毕业后，每次在公共场合和权威人士、领导、长辈讲话，甚至只是和异性讲话，我都会怯场，不知所措。如果不紧张，我明明可以做得更好。我很想表现得落落大方，不卑不亢，做真实的自己，但不知怎样才能做到，感觉很苦闷。

（引自一位 28 岁女士的自述）

"玻璃心"是如何形成的

这位女士提出了一个很好的问题，类似问题很多人都会遇到，我也遇到过。初中二年级时，我喜欢班里一个女生，给她写了一张纸条。那个年代没有微信，也没有其他社交工具，我只能写纸条告诉那个女生，我很想和她交个朋友。她可能是害怕了，把纸条交给了我们的班主任老师。老师很严厉，直接在课堂上叫我站起来，当着所有同学的面羞辱我、奚落我。那一刻，我觉得周围所有人都在看我的笑话，感到非常羞耻和愤怒，无地自容，简直想找个地洞钻进去。之后很长一段时间，我都很害怕和女生接触，甚至一度非常仇恨那位女同学。当然，我更恨的是我们的班主任老师，对他既恨又怕。也正因为这段经历，我很想打破别人的权威感。进入青春期后，我更加热衷于打破别人的权威感，因此和人发生了很多冲突，也惹上了很多麻烦。

很明显，在童年和青春期，我们格外希望自己成为非常优秀的人。于是，一个自恋的自我就出现了。这个自我认为自己能做很多事，能比别人更好。可是这个自我并不稳定，相当脆弱。很多人回忆自己的青春期，都觉得那个时期的自己特别容易受到伤害，有一颗"玻璃心"。那么，这种"玻璃心"是怎样形成的呢？这就要说到一些家庭成员，尤其是父母对待我们的方式了，具体的方式分为以下两种。

第一种是完全忽略我们的感受，给我们制造很多挫折。只要我们犯了错，哪怕只是一点小错，父母都会指责我们或对我们不理不睬。这会让人变得十分敏感，缺乏自信。

第二种是过度宠溺。父母帮我们把所有事情都处理好，不让我们经受任何挫折。心理学家科胡特曾说，人在成长过程中，最好能经历一些恰到好处的挫折。这些挫折能让我们提前了解真实的世界，让自我、自尊逐渐稳定。我们要不断尝试做一些小事，逐渐意识到自己能做什么，不能做什么，自己身上有什么特质。这里所说的特质并不是指优点和缺点。很多时候，用优点和缺点形容自己并不客观，也会带有评判甚至否定的意味。

敏感点及其泛化

个人身上的敏感点是特质，而非缺点。如果将敏感点视为缺点，我们就会迫不及待地想要消灭或抛弃它们，但这样做反而会强化敏感点，使其泛化。

案例 4-1 中，这位女士的敏感点就已泛化，从老师泛化到权威人士、领导、长辈甚至所有异性。一个孩子被老师说脑子笨，这不是一个小挫折，也不是一个恰到好处的挫折——所谓"恰到好处"的挫折，是指它足以锻炼人但并不会打倒人。老师给了这位女士一个非常负面的评价，而她本人也认同了这种评价，相信自己是真的笨。在接下来的成长过程中，她一直渴望能有人告诉她：你并不笨，你其实很聪明。可惜，一旦产生了这种敏感点，就很难在成长过程中遇到这样的人了，就算遇到了，她也会怀疑对方的话是否发自内心。就好比在我觉得自己非常糟糕时，如果有人对我说你还不错，那一刻我并不会真的相信对方所说的话，反而可能会在心里告诉自己：他说的是假话，他只不过在安慰我。于是，在整个成长过程中，很难再遇到值得信任的人或自己理想中的人。

可是恰恰因为很难遇到这种人，所以我们更要结交一些朋友，尤其是一些亦师亦友的师长，去感受自己被他们接纳和包容。如果情况比较严重，还要求助于心理咨询师等专业人士。很多时候，心理咨询师要扮演一种理想中的角色，即所谓理想的他人，给咨询者创造一个接纳、包容的环境，帮助他们逐渐建立稳定的状态。当然，亦师亦友的师长和心理咨询师有时也会使我们感到挫折。有时候，如果你太任性或太依赖他们，他们也会表示拒绝。如果你认为他们是可以信任的，就会相信这种拒绝或对抗是很有必要的。因为这种对抗把我们从对自己的虚幻中拉了回来，回到了真实的状态。

案例 4-1 中的女士并没有得到亦师亦友的师长或心理咨询师的帮助，因此她在认知方面出现了一些偏差。她认为是因为自己小时候家里农活多，姐妹多，生活比较拮据，想穿漂亮的衣服也没有，所以她才形成了这样的性格。我不否认成长环境会造就一个人的性格，但小时候的成长环境已成为过去式，过去了就是过去了，任何人都无法改变。成年以后，我们只能选择以何种方式看待过去，而最恰当的方式就是不归责或推责，也可以说不归因。

案例 4-1 中这位女士又提到，小学老师说她脑子笨。被老师以非常不公平的方式对待，或从老师那里接收了一些负面评价，的确会让人产生挫折体验。这种体验会影响一个人的人际关系、对外界的感受、对别人的信任以及对自己的评价和判断。我不否认这些，但现在的问题是能否改变这些。答案是肯定的，成年后我们一定能做出改变，消除那些挫折的影响。那么，具体要怎么做呢？在此有以下几点建议可供参考。

几点建议

首先，最重要的一点是要避免泛化。

什么是泛化呢？比如我们被一个人伤害过，就认为所有人都有可能伤害自己。于是保持敏感，时刻关注周围的人会不会伤害自己。案例4-1中的女士就是这样。她和人说话时，无论对方是权威人士、领导、长辈还是异性，她都会怯场、不知所措，这就是典型的泛化。这位女士的内心很害怕，担心再次体验到挫折，而越是害怕，挫折越不可避免。如果始终怀着对挫折的恐惧，就无法把精力集中在自己想表达的内容上，只会不断关注对方的表情和他们对待自己的方式。其实，这是聚焦于，一旦对方让自己遭受挫折体验，自己该如何应对。在这种情况下，对方必然会成为让自己感到害怕的人，成为可能让自己产生挫折体验的人，这就是一种泛化。

如果我们把过去受伤的体验泛化，实际上这时我们已经对对方产生了十分强烈的抗拒情绪，最终必将把对方投射为伤害过我们的人。以案例4-1中的女士为例，她会把对方投射为伤害过她的老师。无论对方做什么，她都只会关注对方是否会伤害她，也因此变得非常紧张，不知所措，窘迫万分。其实不妨仔细想一想，每个人都很忙，都有自己的生活，都有自己需要面对的事情，根本没有那么多精力关注我们和我们的感受、体验等。在和我们的关系中，对方关注的是双方的交流和交流的具体内容。所以我们不用太在意对方的态度。

当然，上述这位女士关注别人对她的态度，其实也是在渴望对方关注她，甚至是渴望所有人都关注她，这会让她感到"我很重要"。这是她的心愿，她需要这种关注。其实这并不难理解，因为家里姐妹比较多，她可能从小就经常被父母忽略，觉得自己不够出众，于是想象很多人都关注自己，以此弥补长期被忽略的感受，让自己得到满足。

有一位女性朋友告诉我，她每天出门前都要把自己打扮得漂漂亮亮，把每个细节都处理好，达到完美的状态。每次出门她都要花费大约三个小时化妆、换衣服。她说只有这样，她走在路上才会有安全感，别人看到精心打扮过的她，都会觉得她很漂亮。不管在路上遇到什么人，哪怕是和她完全没有交集的陌生人，她也会非常在意对方的表情和反应。只要有人看了她一眼，她就会看看自己的衣服，或拿出镜子照照自己的脸，看看是不是有什么问题，比如妆有没有花或别的什么。这种状态让她十分困扰，但她又没办法控制自己。后来有一天，她出门时打扮得不像平时那样精致，一路上她惴惴不安，却发现路上的行人对她的反应和过去没有任何不同。此时她才意识到，别人其实并没有那么关注她。她起初有些失落，但再也不像从前那样担心别人如何看待自己了，走在路上就从容多了。

除了避免泛化，还有以下几点建议。

第一，不要轻易给自己负面评价。

案例 4-1 中的女士实际上已经认同了那位老师对她的评判，从此像那位老师一样对待自己。结果后来她无论做什么事，都既是运动员，又是裁判，进入了一个自以为是的世界。她仿佛从老师那里接收了一个魔咒，并认同和内化了这个魔咒。想要摆脱这个魔咒，就要对自己好一点，不要总是如此苛刻，不断给自己负面评价。

第二，要接受真实的自己。

我们要接受真实的自己，要勇于承认自己当前的状态，窘迫了就是窘迫了，敏感了就是敏感了，紧张了就是紧张了。案例 4-1 中的女士的困惑是：怎样才能在权威人士、领导、长辈等人面前表现得落落大方，不卑不亢，做真实的自己。其实，这种落落大方、不卑不亢的状态并不是她真实的状态，而是她理想中的自己。那么真实的她是什么样的？不够落落大方，又有一些小小的敏感和自卑，还有一些紧张，这才是真实的她。想做真实的自己，不妨先做这样一个不够落落大方的人。先允许自己是这样一个人，再想办法让自己变得更好，这才是一条正确的道路。

第三，要允许自己把事搞砸。

人的内心存在超我、本我和自我。那个说她笨的老师成了她内心的超我，于是她便选择以那位老师的视角看待自己，对自己十分严苛，不允许自己做不好。在这种情况下，人最需要的是什么呢？是一次允许自己搞砸的机会，也就是允许自己以目前真实的状态面对周围的人和事。哪怕搞砸了，哪怕最后真的有人来批判，也是他们的事，与自己无关。只要拥有了这样的信念或暗示，我们就得到了一次允许自己搞砸的机会。无论何时，这种机会都对我们很有意义。只有搞砸了一次，才能从云端落到地面。现在我们还无法成为所谓理想中的自己，变得落落大方，不卑不亢，但没关系。正因为目标尚未达成，才要不断努力。这位女士正是因为很想努力让自己变得更好，才会提出这个问题，所以她根本不用担心搞砸了会怎样。

第四，要相信有人能接纳、包容自己。

要相信这个世界上不是所有人都会像那位老师一样对待自己，总有一些人会比较宽容。怀着这样的信念，才能接触到理想中的他人，才能接触到能接纳、包容我们的人。反之，如果一直处在抗拒或自以为是的恐惧状态中，就会认为所有接近自己的人都像那位老师一样，会伤害自己。这样就会错过很多真正包容、支持自己的人。

第五，别想着成为别人，要想着成为更好的自己。

案例 4-1 中的女士还有一种认知上的偏差。通常我们说因为怎样，所以怎样，这样的说法是符合逻辑的。但在认知层面，这个句式却存在一些偏差，主要是它把一些事情合理化了。这种合理化是指给自己目前尚未达到理想状态找原因，就好像只要解决了某个问题，就一定能达到理想状态一样。这其实是在推卸责任。若不放弃这种合理化，就很难改变应对事情的模式。在原有的模式中，我们并未真正面对现实，更多的是在回避或逃避。我们以为别人掌握一种模型，只要我们得到这个模型，就能马上变成另外一个人，变成理想中的自己。当意识到自己根本无法成为那样的人时，我们可能会觉得很伤感，但这正说明理想中的自己其实是别人。比如，虽然我们想成为落落大方、不卑不亢的人，但那根本不是我们自己。可是我们只需要成为真正的自己，成为比现在更好的自己，而不是别人。

第六，要努力摆脱敏感。

敏感是我们为了保护自己做出的过度反应。其实，大家都知道对自身成长而言，敏感并不是一种特别有利的工具或特质。敏感的人会一直关注别人的表情和态度，不断猜测别人对自己有何评价。想摆脱敏感，就要收回注意力，开始关注自己和自己的内心。我现在可能很紧张，这没什么，我的确很紧张；我可能也有一些害怕，但没关系，我可以害怕。要与紧张、害怕等感觉共处，而不是直接对这些感觉做出一些行为反应，比如逃避，比如失望，甚至不仅对自己失望，也对周围的人失望。只要习惯于逃避或失望，人就不可能真正地接受自己。只有接受自己目前的状态，然后使用一些行之有效的方法，我们才能逐渐让自己变成更好的自己。敏感、逃避等不会让我们变得更好，只会让我们变得更糟。不管经历过什么，都已成为过去，现在我们可以为自己的将来做出选择。希望每个人都能关注自己的内心，通过不断的努力让自己变得越来越好。

总觉得别人在嘲笑自己，怎么办

案例 4-2

经过几十次的心理咨询，我发现因为自己内心有着强烈的羞耻感，前半生我错过了很多机会。我的内心有很多预设的评价系统随时会自动开启。想表达感受和渴望时，马上就被羞耻感打败，再也开不了口。就算接受心理咨询，也经常遇到这种情况，有些事情永远描述不出来，大脑一片空白。因为我认定了，一旦自己说出来，对方就会怎样评价我，就会在心里觉得我怎样。在咨询的过程中，心理咨询师的表情哪怕有一丝不对劲，我就会觉得他不耐烦了，正在暗中评价我。然后，大脑会自动短路，让我再也无法说出自己的感受。日常生活中，我也时常揣度别人的话，察言观色。每次只要发现一点异常，我都会觉得自己不行，做什么都不对。正因为这样，我做任何事都浅尝辄止，一遇到挫折就坚持不下去了。我想问问：如果总是揣度周围人对自己的看法，并且因此满怀羞耻感，要怎样才能面对这种羞耻感？怎样才能不被羞耻感毁灭，积极生活下去？

(引自一位 32 岁女士的自述)

变质的咨询关系

看了这个案例，我想先对这位女士说，如果你在接受心理咨询时经常感到羞耻，感觉咨询师在对你说一些带有评价、判断甚至指责的话，而你们已经进行了几十次咨询，彼此建立了一定的信任，那你完全可以直接说出你的这些感受，直接与咨询师讨论这个问题。比如你可以对咨询师说，我觉得你的某句话是在评价我，这让我感到很羞耻。直接这样说出来，其实是给自己创造了一次检验的机会。

　　不过老实说，如果你觉得咨询师在咨询过程中一直在评价你，而你却没有选择离开，那这种咨询关系已经与你和其他人的关系没什么不同。如果咨询师不够专业，没有意识到你们之间的关系已变成了这种性质，你在他面前无法表达自己，那你完全可以考虑换一个咨询师。要知道，咨询师也是人。如果你的内心已经建立了总是发出指责的父母和委屈、恐惧并带有一些愤怒的孩子之间的关系模式，那么这种关系模式也会复制到咨询关系中。咨询师可能没意识到，他对待你的一些方式受到了你的影响。你可以试着在咨询关系中检验是否存在这种情况。如果真是这样，主要责任可能也不在于你，而在于咨询师。

　　在咨询关系中，你不必觉得太难堪，也不必怀疑自己的表现是否不够好。身为咨询师，我也有自己的咨询师，通常情况下无论我做什么，咨询师都能接受。有时候，我甚至会开玩笑说我花钱来做心理咨询，咨询师就有义务察觉我们之间的关系，即使我感到愤怒，也可以向他表达，这只是在呈现我们之间的关系。可是，我并非在对咨询师做出判断或评价。从这个角度来看，你做了这么长时间的咨询，这个过程中其实你也一直在评价你的咨询师。在你看来，这位咨询师一直在对你进行评价，他并不客观、中立，甚至无法容忍你身上的一些东西。其实，你也在咨询师身上贴了标签。这类似于别人以何种方式对待你，你就以同样的方式对待他们，你对你的咨询师也是如此。

羞耻感是如何产生的

现在来分析如何面对自己的羞耻感。

羞耻感主要来自所谓不公正的对待，其中还包括一些惩罚性的内容。比如，如果父母对道德的要求比较高，这种高要求可能就会内化到我们的内心，变成超我的一部分。当产生一些本能的欲望时，我们甚至会感到非常羞耻。以对性的羞耻感为例，一些人认为性是绝对不被允许的，也可以说是绝对被禁止的。在发现自己有了一些性意识后，这些人甚至会觉得自己是天生的"色狼"并指责自己。不过，他们不会对别人提起自己这种感觉，生怕被别人耻笑。

　　前文提到，我初中时给班上一个女同学写了一张小纸条，希望和她发展一段超越同学关系的关系。当然，对于这种关系我并没有想得很深。那个年代，男女同学之间的爱慕是被禁止的，那个女同学很害怕，把纸条交给了我们的班主任老师。那位老师是个道德感特别强的人，总是用十分严厉的惩罚手段对付我们这些青春期的学生。他常说，这样做都是为了我们好，为我们负责。收到纸条后，他把它带到教室，让我上课前站到讲台上，在全班同学的面前把纸条上的内容念出来。那一刻，我感觉自己快要疯了，特别羞耻，特别惭愧，恨不得挖个地洞钻进去。这件事给我带来了很大的创伤，我一直清楚地记得班主任老师当时的表情，记得那位女同学和班上所有同学都在嘲笑我的样子。在我眼中，他们已成为和我势不两立的仇人。

　　从那以后，每次再和女孩子接触，我都会重新感受当时的羞耻，然后就会脸红。我开始拒绝近距离接触异性，很少再和他人尤其是女性建立比较亲密的关系。

我认为，这种羞耻感其实是因为没能得到他人的善待而产生的感觉。明确了这一点，我又试着厘清自己的羞耻感最初的源头，向上追溯至更小的时候。那时候，我在乡下生活，乡下很多大人都很无聊，会有意地向小孩子打听他们父母的情况。当时的居住条件不太好，很多孩子五六岁了还与父母睡在一起。有时，孩子会看到父母的性行为，但年幼无知的孩子根本不明白这是怎么回事。有些无聊的大人就会问孩子，昨天晚上你爸爸妈妈有没有做什么。孩子会把自己看到的如实相告，大人们则会哈哈大笑。孩子非常无辜，完全不知道大人们在笑什么，但是会觉得很羞耻，好像自己做错了什么事。在那一刻，孩子的羞耻感就像种子一样萌芽了。

羞耻感与愧疚感

当我们觉得自己很坏，觉得自己会给别人带来坏处时，就会产生羞耻感。羞耻感会与愧疚关联在一起。那么，愧疚又是一种怎样的感觉呢？就是我对别人有害，我伤害了别人。当这种感觉与羞耻感混杂在一起时，二者往往无法轻易被切分。我们会因此极力避免和他人发生关联，一旦发现自己和他人发生了关系，第一反应便是，我是有害的，我是坏的，我会伤害别人。然后想办法尽量切断这种关联，否则就会认为自己有可能伤害别人而产生愧疚感。于是，我们总是在切断和别人的关系，或在一种关联即将建立时便断绝其建立的可能性。

有个成语叫恼羞成怒，所谓的"恼"就是一种无力感和愧疚感，所谓的"羞"就是我们所说的羞耻感。恼羞成怒这个成语很好地解释了人与人之间的关系。当人感到"恼"和"羞"时，同时也会产生"怒"。如果在两个人的关系中，愤怒是情感的基调，那在一方心目中，另一方可能是自己仇恨的人，可能是会伤害自己的人，可能是让自己觉得不舒服的人，至少也是站在自己对立面的人。在这种情况下，在和对方建立关联或向其表达自己的感受时，我们根本不会信任对方。因此，如果处在羞耻感或愧疚感中，我们和其他人的关系就会变成一种完全对立的关系，会觉得所有人都可能伤害我们，周围的世界非常危险。于是，我们会变得像刺猬一样，把自己的刺全都竖起来，建立一套自我防御系统。在这种情况下，哪怕是别人主动接近，我们也不会产生任何与之亲近的愿望，甚至看到别人走近就会感到压力。因此，我们就陷入了一种自怜和自恋的状态，切断了很多关联，感到非常孤单。

我小的时候，家里的生活条件很不好。有一次，学校要举办运动会，要求学生穿球鞋。作为一个很懂事的孩子，我知道家里可能拿不出钱给我买球鞋。可穿球鞋是学校的规定，我一个小孩子根本没法反抗这种规定。拖延了几天后，我还是迫不得已向妈妈开口要钱。当时，妈妈一句话都没说，直接哭了，同时还唉声叹气的。我当时年纪太小，没办法理解妈妈到底在想些什么，只是觉得自己的一个要求让妈妈这么伤心，是我伤害了妈妈，心里特别自责。除了觉得自己伤害了妈妈，我内心还有一种愤怒，因为妈妈并没有满足我的要求。可是我必须压抑这种愤怒，不能表达出来。这种心理促使我接下来的几天一直很关注妈妈的表现。如果妈妈对这件事不闻不问，我会非常失落，非常难过。可是如果妈妈努力去做了什么，我又会觉得自己给妈妈增加了负担，十分愧疚。

这种感觉成为我记忆中的一种经验，直到成年后依旧影响着我。不管对别人有什么请求或诉求，我都很难说出口。即使说出来了，我也会感到特别羞耻和愧疚。如果非常需要别人来满足我的请求或诉求，我会渴望别人能主动发现这一点，主动来满足我。如果别人没能主动发现，我就有了表达愤怒的理由。在向别人提出请求或诉求时，我常常会用带着责备性、攻击性和否定性的语气说"你为什么不能这样对我呢"？处在羞耻和愧疚的状态中，常有一些攻击性被压抑。这些攻击性被释放出来时，要么会针对别人，要么会针对自己。不管怎样，有了"恼"和"羞"，就一定会有"怒"。"怒"的背后还会有委屈。

现在回头看当时我和妈妈的互动，会发现我并未做错什么，妈妈也并未做错什么，她只是没有能力满足我，仅此而已。因此，我不必责怪妈妈，也不必责怪自己。我只需要清楚一点，妈妈当时没有能力满足我，我的内心因此十分悲伤和失落，但我不必为此感到愤怒或自责。

为什么大脑会一片空白

案例 4-2 中的女士还提到，她经常会陷入大脑一片空白的状态。想了解这种状态的成因，同样要追溯到童年。

如果孩子提出诉求却被父母责备，或孩子不小心做错了什么，被父母用羞辱性的言语教训，孩子就会产生羞耻感，同时会不知所措。这种不知所措会让孩子好像被定格在了那一刻，会变成孩子的经验与记忆。这种情况可能会多次发生，让这种不知所措和大脑一片空白形成联动。比如父母在教训孩子时，如果看到孩子呆呆地站在那里不知所措的样子，可能就会软言软语或不再斥责孩子。于是，大脑一片空白就成了孩子的本能反应。等到孩子成年后，这又成了其行为习惯的一种模式。另一方面，一个战战兢兢的孩子很容易引发别人的同情。成年后遇到类似情况，只要陷入大脑一片空白的状态，他就会把自己代入一个战战兢兢的孩子的角色，从而对自己产生同情。这种自我同情能削弱或抵消自责。简单来说，因为一个人值得同情，所以不管他做错了什么，都不需要承担责任，毕竟他已经这样了，别人还能对他做什么呢？

　　总结一下，有时候人的大脑会突然一片空白，这一方面是创伤后的应激反应，另一方面也是为自己谋取利益的方式。在那一刻，人的内心并不是空白的，此时，我们虽然和自己的感受失去了连接，却和别人的评价系统建立了连接。这种连接的核心是"我没有错，我不会错，我不能错"。当我们再尝试和自己建立某种连接时，就会认为，即使自己做错了什么，也是应该被原谅的。我们已经内化了那套父母当初评价我们的系统，把他们的要求绝对正确化。现在，再来理解一下，我们无法满足父母的要求，但其实父母自己可能也无法满足这些要求。这只是他们对我们的要求，而如果我们做不到，他们就会用一些惩罚性的方式对待我们，这让我们感到害怕。

如何消除羞耻感

有羞耻感的孩子需要被善待，经常产生羞耻感的成年人也要善待自己，以便消除这种羞耻感。那么，我们要如何善待自己呢？

第一，允许自己犯错。

所谓允许自己犯错，主要是指用包容的方式对待自己的缺陷或不足，包容自己。每个人都值得被温柔以待，我们更值得被自己温柔以待。

第二，避免盲目投射。

产生羞耻感时，我们会把身边所有人都投射为过去对自己不好的人，也会因此对身边所有人产生一些负面情绪。以案例 4-2 中的女士为例，她总是察言观色，对别人的表情十分敏感，这种表现说明她已经把对方看成了从前冷酷、苛刻地对待自己的人，内心带着仇恨，努力想把对方推开，切断和对方的关联。现在我们要明确一点，这只是投射，对方可能根本不是我们想象中的那样。

以我为例，过云我看见女孩子很容易脸红。有一次，我和几个朋友一起聊天，一个女孩子向我提出了一个要求，我的脸立刻就红了。有两个朋友笑起来，说我这么大个人还会脸红，真是个害羞的人。我马上产生了羞耻感，甚至觉得他们怎么能这样对待我。我当场就把自己很容易脸红，以及对两个朋友的感受说出来了。两个朋友立即解释说，我们并没有任何取笑你的意思，只是觉得你脸红很有趣，因为大家是朋友，所以我们就没有任何顾忌地笑出来了。我通过这种方式完成了一次直接检验。如果没有直接检验，之后再遇到类似情况时，我会再次误会身边人，以为他们在取笑或责怪我。

第三，要意识到，羞耻感其实是属于自恋的情绪感受。

这种情绪感受属于我们自己。有时候，我们发现自己有羞耻感，反而会觉得很好。这类似于小时候经常听老师或父母说，知错能改就是好孩子。我们现在这样做也是想获得认同，虽然很多人未必会用这种方式认同我们，但我们可以通过经常产生羞耻感或愧疚感实现对自我的认同。这是用自恋的方式完成自恋的过程。

　　有一次，一位朋友穿了一件自认为不太好看的衣服来找我。走在路上，他觉得很多人都在看他，有些人好像还在偷偷取笑他。他认为大家一定都觉得他这件衣服特别难看，因此情绪低落。见到我时，他说："我今天穿了一件很奇怪的黑衣服，别人都在看我这件衣服，让我觉得很不舒服。"我对他说："别人都很忙，哪有那么多时间关注你呢？是不是你心里特别渴望别人关注你？"听了我的话，他显得很惊讶。其实，我们可以试着从同样的角度看待羞耻感。每当产生羞耻感时，每当以为别人正在评价自己时，我们都可以告诉自己：别人都很忙，没有太多时间来关注我。这一刻，我们会感到很失落，因为自己并不是别人关注的对象。可失落之余，我们就能明白，不是所有人都在盯着我们看，不是所有人都会评价我们，所谓的评价只是我们自己想象出来的。

处处与别人比较，心不会安定

案例 4-3

我总爱和别人比较，高三和一个关系很好的女同学比较，大学和一个舍友比较。我找不到自己的优势，希望自己样样都好，却觉得自己样样都不好。目前，我在政府部门工作，总觉得自己处处不如人，过得很压抑。办公室的同事家境都很好，长得又都很漂亮，而我出身农村，只因为考上深圳的大学才来到大城市。

从小，我和父母的关系就比较疏远，没能建立良好的亲子关系。我八九岁时爸爸出轨了，爸爸妈妈经常打架，家里总是鸡飞狗跳的，我天天心惊胆战，很怕爸爸妈妈打架。有好几次放学回到家看到爸爸在打妈妈，我吓得嚎啕大哭。我上小学五年级时，爸爸妈妈到深圳打工，我跟着爷爷奶奶长大，还要照顾弟弟。从小到大，我从未和任何人建立起依恋关系，和家人关系疏远。即使对爸爸妈妈，我也从没说过一句知心话，我觉得他们根本不会理解我，我感觉自己好孤单。

因为比较好强，爱和别人比较，又因为和父母的关系冷漠，所以我一直不懂得怎样和人建立依恋关系，直到现在也没办法和朋友交心。和朋友相处久了，我要么会发现他们的缺点，对他们心生反感；要么会觉得他们比我优秀，产生自卑心理，想远离他们。其实，我内心很懦弱，生怕得罪人、惹别人不开心，总有种想讨好别人的心理，好像别人比自己更重要。我想问问：总爱和别人比较，如果总是感到委屈、孤单，要怎么做出改变呢？

（引自一位 36 岁女士的自述）

"强势"的外壳

从这个案例中，我看到了一个特别委屈、无助的女孩为自己套上了十分强势的外壳，她拖着这个外壳与这个世界相处。在相处的过程中，周围的世界好像全是对她不利的人和事，她身处其中，感到特别孤单。她想和爸爸妈妈说话，希望有一个人能看到她的委屈和孤单，可惜身边好像连一个能交心的人都没有。一个人为什么会陷入这种状态呢？一个人究竟做了什么，才会被世界如此对待？接下来从四个方面分析一下。

第一，这种状态的成因。案例 4-3 中的女士从小和父母分开，没能建立起正常的依恋关系，加上小时候经常看到父母打架，成长过程中没能得到父母很好的影响。这些都是导致她陷入当前这种状态的原因。

第二，她对待他人的方式。她提到自己总是讨好别人，但她其实并不认同这种讨好。她总是很自卑，总觉得周围的人在和自己竞争，或自己在和周围的人竞争，不管怎样，她似乎都没办法和这些人建立真正的、心理层面上的连接，或者说无法建立一种真实的连接。

第三，她说出了大家特别想说的一句话：希望自己样样都好。这是我们对自己的期待，也可能是他人对我们的期待，还可能是我们认为他人对我们抱有的期待。我们可能有过一些很好的表现，得到过一些认同和肯定。在那一刻，我们的感觉非常好，从此便一直执着于这种认知模式或逻辑，坚信只有当自己样样都好时，才能得到他人的喜爱。如果没能得到他人的喜爱，那就是因为自己做得不够好。

第四，在所有人际关系中，她都在把对方工具化或把自己工具化。一个人之所以会这样，可能是因为很小的时候就开始为家庭牺牲自己的利益，照顾他人的情绪感受和日常生活。如果自己还是个没什么能力的孩子，就开始扮演他人的照顾者，自然很少能感受到自己的诉求，让自己得到满足。比如，认为身边人并不在意自己需要什么，自己只是满足他人需要的工具。这种想法包含一些讨好别人的规则：如果别人不开心，好像是我的责任，因为我不够好，所以别人不开心。从小就在扮演照顾者的人，会被这种虚幻的感觉或自我定位，牢牢地固定在这个角色中。这些人会觉得好像只有在扮演照顾他人的角色时，自己才更有价值。

在这一过程中，人内心的感受更多地来自他人之间、他人与自己之间的情绪连接。好像他人有什么情绪，都是自己的责任，是自己的错。这种人际关系会让人承受很大压力，十分辛苦。因为在人际关系中，自己始终是资源提供者，但好像并未感到或认同他人对自己有什么价值。因此无法感受人际关系带来的滋养。面对这个世界，面对人际关系，自己是封闭的，无法和他人建立连接。就算有机会建立短暂的连接，也会感觉自己在被索取、被剥夺或被他人淹没。这种感觉会让人特别恐慌。当恐慌达到一定程度时，自我保护机制就会启动，也就是把自己封闭起来，拒绝向任何人表达自己内心的感受、诉求、对他人的期待、对他人的观点和想法等。因为什么都不表达，所以我们会觉得非常孤单，同时也会非常委屈，在这种处境下，人很容易自怨自怜，甚至会自我攻击。

试着跳出来看自己

每一个委屈、孤单的灵魂都渴望被人留意、接纳和包容。从现在开始，要试着看清自己在人际关系中的真实状况。这时最需要的可能是一面镜子，也可以说是需要被一个客观、中立的人看到。由于人际关系中有很多不信任，很多时候，人们缺少这样一个人在身边充当镜子。从现在开始，可以试着把自己变成这样一个客观、中立且能共情的人，然后再来看看以下几点。

第一，自己在人际关系中的敏感。

如果在人际关系中总是对别人察言观色，时刻保持敏感，那么一旦人际关系出现问题或对方对自己有什么看法，自己就会条件反射式地感到自责、愧疚，认为自己应该承担更多责任，要做更多事，要从这种关系中得到对方的接纳和认同。处在这样的关系中，人不仅会责怪自己，也会责怪对方。这会导致人际关系变得非常敏感。

第二，对自己的不接纳和不认同。

每个人的身上都带有各自的特质。这些特质主要来自以下两方面：一是在一个人的成长过程中，生活给他打下的烙印；二是家庭成员特别是父母的性格及其与父母的互动方式给一个人打下的烙印。可以看到，如果一个人在成长期间并未得到接纳和认同，他的内心一定十分渴望得到它们。这是一种既想回到过去又想走向未来的感受，会让人非常纠结。这种纠结让人很少去体会自己的感受，而会更多地关注别人对自己的评价。

第三，对现实中的自己和理想中的自己所做的比较。

如果自己很自卑，觉得自己这也不好，那也不好，在和他人的人际关系中好像总是无法达到预期，总是否定自己，对自己要求十分严格。那么在这种情况下，人其实会创造一个理想中的自己，然后用现实中的自己和这个理想中的自己比较。并且通常得出的结论是，现实中的自己好像没有任何价值，也没有任何存在感，在比较的同时，也完成了自我攻击。一个人以这样的方式对待自己，其实是在自我虐待。之所以如此，或许是因为过去曾被人以同样的方式对待：父母编造了一个谎言，说每个孩子都能达到完美的状态，达不到就会被恶劣地对待，然后这个谎言始终笼罩在我们头上，影响我们。

第四，认知方面的误区。

人在认知方面会存在很多误区。比如，"如果……就好了"，这种认知主要源于对他人的不合理期待。还有"他人应该怎样对待我""如果他人这样对待我，我就会成为怎样的人"等。

第五，对不良感受的防御。

人的内心会因受刺激产生一些不良感受，如果无法接纳这些感受，就会对其产生防御。比如对挫败感的防御（要么责怪他人，要么责怪自己），又比如对孤独感的防御（要么退行，要么进入自我封闭的状态）。人们还会在产生一些不良感受时，想方设法对这些感受做出解释，并有意无意地忽略感受本身。实际上，这是将这些感受合理化的表现。由此可见，人们采用的很多防御方式都类似于小孩子的反应方式，其实相当幼稚。

正因为以上几点，一个人才变得好像和周围的一切格格不入，甚至感到很羞耻，羞于向他人表达自己的感受和想法。

另外值得一提的是，这其中还包含一些幻想的成分。所谓幻想就是觉得自己一定能成为完美的自己；或觉得当前的处境很糟糕，想象有一个人能把自己从恐怖中拉出来。比如卖火柴的小女孩，她最后又冷又饿，快要死了，就想象着慈祥的奶奶走过来，把自己带到一个没有饥饿、寒冷和痛苦的世界中，在那个世界享受温暖和爱。

几点建议

人们常说自己想成为神仙，这么说的深层次原因其实是对凡人生活感到失望。如果我们说想成为完美的人，可能也是因为我们对真实的自己感到失望。人经常能体会到这种失望：看到别人身上的缺点，会对他们感到失望；看到周围的环境，同样会感到失望。以严厉、苛刻的态度批判、否定他人和周围的环境，我们才能继续留在自己的舒适区中。所谓舒适区，不过就是一种自我封闭的状态。处在这种状态中，我们一方面很想出去走走，和他人建立真实的连接；另一方面又带着批判性，好像周围所有的人都不值得交往，交往一定会带来一些问题。这让我们无法表达自己真实的感受，无法分享自己的秘密。

针对当前这种状况或当前的自己，我们更需要做出一种选择，即勇敢地面对现实中的自己，以真诚且真实的态度面对自己，哪怕自己现在的状态并不是很好。对自己和自己的人际关系来说，这种真诚和真实是最重要的基础。要做出这种选择，我们可以试着从以下几方面努力。

第一，改变痛苦的现状，首先要明确自己因什么而痛苦。

当自己终于不想再承受痛苦时，就有了改变这种痛苦状态的机会。在人际关系中，无论是朋友关系、恋爱关系，或最亲密的夫妻关系，哪一方感到痛苦，哪一方就要改变，这是一项原则。不能说我感到痛苦，但要由你来改变，这是一种非常不合理的认知，也是一种非常不合理的期待。当这种期待出现时，必须真诚地告诉自己：这种期待一定会让自己产生强烈的挫败感，要马上转变方向，否则就相当于缘木求鱼。

第二，打破舒适区，一定要重回小时候，体验当初的情绪与感受。

人们总会怀疑现在才改变是否还来得及，很多时候，人们正是出于这种想法才迟迟没有采取行动，甚至还对自己感到很羞耻、很惭愧。这种感觉很容易让人"破罐子破摔"，继续维持当前的状态。毕竟当前的这种状态其实也是自己的舒适区，一旦打破这种舒适区，就会对不可知的未来陷入恐惧，不确定接下来要面对什么。正因为这样，人们多数时候才不愿打破舒适区。或许这个舒适区有时也会让自己感觉不舒服，但"金窝银窝不如自家的草窝"，待在舒适区里，至少不用面对变化带来的不确定性，至少知道如何应对周围的一切。然而，这个舒适区并不能真正地让我们感到舒适，我们最终还是要打破它的。

而要打破舒适区，做出改变，一定要先回到当初。对于案例 4-3 中这位女士来说，也就是回到小时候看到父母打架的时候，体验一个小孩子的情绪和感受。当时的自己一定非常恐惧，不知所措，并且在父母的冲突中感到强烈的不安全感。认识到这些以后，再来思考成年后的自己遇到这种情况会做出什么样的选择。或许会选择离开，或许选择不予理会，选择不把父母的冲突归咎于自己，选择不插手冲突，毕竟父母都是成年人，他们可以自己解决冲突。这时就会发现，小时候的自己特别恐慌而无助，但成年后的自己已变得很有力量，完全可以自由做出选择。

第三，尝试向周围的人表达自己真实的想法和感受。

我们要承认自己一些真实的想法和感受，比如会嫉妒别人，那就承认自己有嫉妒心。不过，不要为这种嫉妒心找任何理由，因为找理由就是试图将嫉妒心合理化，用合理化维护自己。我们完全可以承认自己是嫉妒的，向自己承认，也向他人承认。比如我和武志红老师交流过很多次，曾两次向他承认："志红我特别嫉妒你的文章写得好，我的文章就写得不是很好。"当我表达出这种感受后，武志红老师回应说："老胡其实我有时候也蛮嫉妒你的，因为你活得很真实，有时候你说出来的东西比我写出来的更好。"听到这番话，我一下子感受到我和他之间建立了一种平等的关系，而不是以下这种关系：对方是个很优秀的人，高高在上；我却非常自卑，站在低处，一方面对他羡慕不已，另一方面又为自己达不到他的高度而自责。简而言之，想法就只是想法，感受也只是感受，若将它们表达出来，可能会发现真实情况与自己的想法和感受完全不同。

第四，尝试信任一个人。

我们所说的信任一个人就是能向对方表达自己的很多东西。先别观察对方以何种方式对待自己，先试着信任对方。建立信任之后，这样自己至少有了一次很好的经验。一直有新经验产生，才能替换掉固有的一些经验。在尝试向对方表达自己后，看看接下来究竟会发生什么。如果不去表达，接下来会发生什么永远都只是猜测，是自己杜撰的剧本。那么，在双方的关系和互动中，对方就只会是自己的一面镜子或一个工具。自己很可能会因为害怕而选择逃避，失去了向对方表达真实感受和想法的机会。从现在开始，改变这种情况，尝试信任一个人。

第五，调整对自卑的认知。

一个人之所以感到自卑，是因为他还有目标。其实，每个人都有些自卑。既然每个人都有，那么其实我们不必太在乎自己的自卑。要明确一点，自卑并不是缺点，只是一种情感或情结。如果能承认自卑是因为自己还有目标，并在之后再来体验一下自卑，就不会再因此自我攻击了。

总结一下，我们可以试着真正勇敢地打开自己，向别人表达自己，哪怕只有一次。这样一来，自己就不至于陷入一种特别孤单又无助的状态。如果实在觉得没人值得信任，没人能说知心话，那么不妨试着和专业的心理咨询师沟通一下。如果能和心理咨询师建立一种彼此信任的关系，就能逐渐体会到自己在合作关系、非竞争关系中的真实状态，之后要做的就是逐渐将这种状态展现出来。

我们还要记住一项最重要的原则：做出改变不是为了成

为别人，而是为了成为更好的自己，为自己做一些事。哪怕前面有很多挫折或障碍，也要尝试去改变。迟早有一天，我们能战胜这一切。有了这样一项原则，为自己的改变制定了这样一个目标，我们就不会再妄自菲薄，不会再轻易责怪自己，也不会再责怪他人或拒绝与他人建立关系。每个人都可能成为我们成长过程中的镜子，但并非每面镜子都是光滑的，其中可能有一些斑斑点点让我们无法接受。这就如同我们认为身边的同伴表面上好像很好，但这种"好"只是我们自己的看法。在真正接触或交流时，我们会发现每个人身上都存在让人无法面对或感到困惑的一面。

总而言之，要记住这样一句话：改变从善待自己开始。

第五章

深度关系与内在成长

在喜欢的异性面前，袒露自我才有机会

案例 5-1

　　我现在读大三，家里有爸爸、妈妈、我和弟弟四口人。弟弟出生后，爸爸为了一家人生活得更好，开始长期在外地工作，每年大概只能回来两三次。妈妈生了弟弟后做了全职家庭主妇，照顾我和弟弟。

　　记得爸爸去外地工作之前，经常带我出去玩，但他去外地工作之后，一切都变了。每次他回到家，我都会默默看着他，偷偷跟随他。我想和他更亲近一些，却没有勇气，感觉他变得陌生了。我不知道怎样清楚地表达我对爸爸的爱和想念。每次爸爸离家去外地时，年幼的我都会哭得声嘶力竭。

　　回想从小学到高一那些年，爸爸很少出现在我的生活中，但我始终相信爸爸是爱我的。这几年，我长大了，更懂事了，也能更明显地感受到爸爸对我的那种独一无二的爱。我学习了心理学，开始学着放下心中的顾忌、陌生感和些许的紧张，尽量放松下来，和爸爸近距离相处，拉近父女关系。

　　现在，我发现自己开始在喜欢的男生身上，复制小时候对待爸爸的那种模式。对于喜欢的男生，我只会默默关注，不知道怎样和他亲近。平习里，我在女性和男性朋友面前都很开朗，很健谈，但到了喜欢的男生面前却像变成了另外一个人。我很想和他见面，却没有勇气主动约他。偶尔见面时，明明很开心，却不知道和他聊什么，脑子里一片空白。就算在微信上和他聊天，我也经常聊着聊着就没话说了。我曾经向他表白，但是他说自己刚刚进入职场，想专心工作，暂时还不想谈恋爱。虽然他拒绝了我，但那丝毫不影响我对他的喜欢和思念。我想问问：怎样才能在父亲、心上人这些喜欢的异性面前放松下来，做真实的自己呢？

（引自一位 21 岁女士的自述）

父女互动的重要性

人们常说，女儿是爸爸上辈子的情人。实际上，爸爸和女儿这辈子的互动会直接影响女儿的择偶观。女儿在亲密关系中与伴侣的相处模式，以及从亲密关系中得到的情感体验，都直接受父女互动的影响。

案例 5-1 中的女孩对爸爸的感情有几个关键词，我们分别来分析一下。

第一个关键词是紧张：爸爸回到家后，不管要出门还是去做什么事，她都很担心爸爸会再次离开，因而非常紧张。

第二个关键词是悲伤：每次爸爸离开时，她都会十分伤心，盼着爸爸什么时候才能再回来。

第三个关键词是丰富的想象力：她不知道怎样表达对爸爸深切的爱和想念，只能让这种爱和想念在心里不断发酵，不断加以想象。

第四个关键词是分离：女孩在与爸爸的关系中经历了一次又一次的分离，这种分离并未得到很好的处理。每一次分离时，女孩都会哭得声嘶力竭，甚至对爸爸产生疏离感。可是爸爸每一次都毅然决然地离开了她，也不交代什么时候再回来。下次回到家时，爸爸也不会表达对女儿的思念。

其实，很多孩子都需要通过父母平时的行为、言语包括分享的感受，体验自己在与父母的互动中有什么价值，以及自己对父母是否重要。比如我每次出差和孩子分开一段日子再回来时，孩子都会到机场出口处迎接我。我总是第一个下飞机，飞快地跑到出口处。孩子一看见我就会露出满脸笑容，眯起眼睛咧开嘴，笑盈盈地朝我扑过来。我给她的回应是高兴地张开双手，把她紧紧抱在怀中。这一刻，孩子得到了一种非常真实的体验，明白爸爸很喜欢她的拥抱，很享受与她亲近，她从中感受到了自己在爸爸心里的重要地位。只有看到爸爸这么喜欢和自己亲近时，孩子才会认为爸爸在与自己进行一种很好的互动。

"暗恋"只是一种自恋，并不是真正的恋爱

再来看案例 5-1 中女孩的问题，根据她的描述，她正在用幼年时的一些经验管理、处理当前的人际关系。她对父亲的感觉始终停留在幼年时的状态，这种状态让她在人际关系中复制了幼年时与父亲相处的模式，让她进入了一种十分有趣的状态，我们称之为暗恋的状态。很多幼年时没能与父亲实现良好互动的女孩，长大后都会进入这种状态。那么，这种状态会有什么好处呢？简单来说就是暗恋不需要经过检验。

比如我们内心对分离怀有恐惧，或者分离会给我们带来悲伤，这种强烈的悲伤让我们无法承受，所以我们不愿面对分离。想要避免分离，最好的方法是什么呢？就是不要与他人建立关系。女孩提到，她向喜欢的男孩表白了，这里面有种建立关系的愿望。对方明确拒绝了她，她再次陷入了难以承受的分离的悲伤，陷入了被拒绝的失落。不过，女孩主要还是陷入了所谓的想象空间。她想象自己表白被拒这件事根本没发生过，她依旧想和男孩建立一种比较好的关系，但这

种愿望再次被暗恋的状态取代了。所以我们说暗恋主要是满足自恋的一种方式，也可以说暗恋代表只想回到过去，是一种达成自己未了心愿的方式。正因为这样，暗恋的感觉往往特别美好，它带着一种娇羞，甚至会让人心潮澎湃。

恋爱三元素："激情""亲密"和"承诺"

可是，父女之间的爱和男女之间的爱终究存在很大区别。区别在哪里呢？主要在于父女之间的爱不能有激情。比如女儿成年后极少会拥抱父亲，或与父亲有其他亲密的肢体接触。如果非要进行这种接触，通常也会引发羞耻感、焦虑等。可是如果与其他异性进行同样的接触，就不会产生类似的焦虑。

激情是真正的恋爱所包括的三个最重要的元素之一，此外还有承诺和亲密。在这里，我们主要讨论激情和承诺。

如果是暗恋，就不会有激情。我们完全可以把暗恋这种柏拉图式的恋爱想象得非常纯洁，非常美好，不需要触碰对方的身体或体验某种反应。

而亲密是双方长期保持互动的一种感觉。双方的兴趣和关注的目标，双方对彼此的影响，等等，共同组成了亲密的感觉。可是案例 5-1 中的女孩与父亲的关系是断断续续的，也就是说父女俩真实的接触和想象的接触之间没有衔接。其中，想象的父亲和真实的父亲之间有很大差别，成年的女孩和幼年的女孩之间也没有明确的分界线。于是，一种带有很多想象的混乱亲密关系就这样建立起来了。

人处在这种亲密关系中，经常能体验到自己现在是什么感觉。至于对方是什么感觉，自己可能并不关注。案例 5-1 中的女孩会体验到自己的紧张和难以放松，体验到自己突如其来的尴尬，体验到自己的开心，体验到自己脑子里一片空白，这些都只是置身这种关系时体验到的只属于自己的感觉。至于对方是否愿意，是否因为自己而感到开心和满足，是否因为喜欢自己而且见到了自己而感到高兴，是否在双方的互动中体验到了自己对于对方的重要性，这些统统都不存在。这就是一种典型的暗恋状态。与异性亲密拥抱或进行其他肢体接触，可能会刺激人对性产生想象或愿望，但暗恋不需要这些。就算暗恋过程中会做一些与性有关的梦或产生类似的性幻想，这些幻想至少也不会在现实中被检验，也可以说不会在双方的互动中被体验。

直接接触，才有爱情

一旦发现自己在与异性的关系中复制了过去和父亲的关系，就意味着和异性建立真正的亲密关系会对自己造成压力。至少这种亲密关系没有自己想象得那么好，自己也无法处理这种关系。在这样的情况下，人自然更愿意回到暗恋状态中，和想象中的人谈恋爱。

人在暗恋的过程中很容易美化或理想化对方。我认识一个男孩，他特别喜欢一个女孩，甚至觉得这个女孩完美无缺。每次来和我讨论时，男孩总是说女孩如此完美，他一方面非常喜欢她，另一方面又觉得自己配不上她。正因为这种感觉，他把自己生活的方方面面和各种人际关系都封闭起来，每天茶饭不思，一门心思想着这个女孩。他想去接近她，却又觉得自己接近不了，并因此陷入了类似于痴心妄想的状态。他把女孩描述得太完美了，只有他自己也变得非常完美才能配得上她。可他并不认为自己是完美的，因而始终觉得自己无法和女孩相配。我听后便对他说，你把女孩想得这么完美，觉得她一切都是最好的，但是她也是人，也要吃饭、上厕所。你不妨想象一下她上厕所的样子，想象一下她可能会便秘，她的大便和其他人的大便一样都是臭的。男孩听了我这番话非常愤怒，说我太恶心了，怎么能这样。其实，我主要是想通过这种方式打破他对女孩的美化和理想化，帮他把他心目中的女孩恢复到真实的人的状态。

这种做法同样适用于案例 5-1 中的女孩，她应该尝试直接接触真实的人。既然是真实的人，必然是不完美的，比如遇到难题会产生挫败感；比如他也会有自己的一些小癖好，或者称之为小缺点；比如他可能会对别人有攻击性，不够友善；比如他可能对自己没什么信心，建立两性关系时会表现出一种不自信的状态。我们只有直接和真实的人接触，才能真正地对对方产生兴趣，才能实现真正的亲密。

　　一旦对对方产生兴趣，我们就会发现即便在平时的沟通交流中，自己的兴趣也不会再局限于自身的感受。在与对方聊天互动时，可以问他一些问题，比如他有什么喜好，最近在看什么书，在做什么事。在这一过程中，对方可能也会对我们产生好奇心和兴趣。当感受到对方对我们的好奇心和兴趣时，我们就能得到一种有关存在感的满足，知道对方正在关注自己，并能接收到"对方是喜欢我们的"这一信息。对方要是愿意与我们一起进入这种状态，就会考虑双方是否般配，比如有没有共同喜好和共同目标，比如在双方的互动中自己是否觉得很舒服、很有趣，是否喜欢这种感觉。这样一来，双方才能逐渐吸引对方。这才是一种真实的互动。

　　如果在双方的关系中，一方只关注自己的紧张与不够放松，就可能误以为自己很在意对方，所以会持续紧张，一直无法放松。其实，重新审视一下双方的关系，可能就会发现自己在意的并不是对方，而是对方对自己的态度。

　　处在一种真实、放松的状态中，可能会赢得对方更多的好感。不管是主动向对方呈现这样的自己，以此赢得对方的好感，还是希望对方认为我们很好，愿意与我们亲近，都不是真正对对方感兴趣。如果真正对对方、对两个人的关系感兴趣，我们会更多地关注双方的互动，而不是只在乎自己的感觉。

谨防"时空扭曲"和"角色扭曲"

我们还要尝试理解渴望爱与被爱的感觉。有时候，我们说自己在意对方对自己的态度，其实主要是在意自己是否值得被爱，是在渴望被爱的感觉，并不是渴望爱对方。说到底，我们主要是在表达自己的需要，自己想得到他人陪伴的需要，想要和他人亲近的需要，或想让对方主动关注自己的需要。我们对于别人更多的是一种需要。自己没有勇气主动约别人，却渴望别人能主动约自己，陪伴自己。于是就重新陷入了幼年时的那种状态。

当无力决定一些事情或选择一些事情时，我们通常就会在瞬间陷入当年那种小女孩的状态，完全被动地接受别人对待自己的方式和态度。如果我们在小女孩和成年人两种身份之间不断切换，自然也会不断切换对方的身份。显然，一个小女孩是没办法与一个成年男人谈恋爱的，成年后的女儿当然也没办法与自己想象中的父亲谈恋爱。这其中存在着时空的扭曲或角色的拧曲。如果无法厘清自己当前的角色，而是将两个时空混在一起，陷入一种边界不清的混乱状态，就会特别纠结，特别紧张。要想改变这种状态，就要厘清角色的边界，你可以试着在以下几个方面做出改变。

第一，试着与幼年的自己分离。

要做到这一点，就要不断向自己暗示：我已经长大了，不再是当年那个年幼的小女孩了，不需要再关注爸爸去了哪里，不用再等爸爸带自己出去玩。这一切都已成为过去式，虽然很遗憾，但过去了就是过去了，再也回不来了。

第二，不要再想着回到过去，要直面自己当前的状态。

自己要看到，自己内心有种想要回到过去的愿望，但这种愿望并不合理。每次产生这种愿望时，就要试着让自己停下来，重新回到当前的状态。要明白自己已经成年了，正想和别人建立一种比较亲密的关系，并且已经有了心仪的对象或有好感的异性。至于这个人是不是父亲的化身，我们并不需要在乎。最重要的是，要看清楚自己当前的感受，以及自己愿意与这个人亲近的愿望。此处的这个人不代表其他任何人，他就是一个真实、具体的人。

第三，要主动做出选择，不要害怕结果。

一旦我们又盼着有个人能像从前的爸爸一样，主动带自己出去玩，就要再次提醒自己：现在的我已经能为一些事情做决定了，不一定每次都要被动接受，很多时候我完全可以自己主动选择。在主动选择的过程中，选择本身并没有好坏之分，主要是会造成某种结果。就算向对方表白，直接说出自己对对方的好感，也只会产生两种情况：对方要么会婉言拒绝，要么会欣然接受。要明白无论是哪种结果，都与我们自身是好是坏、是否值得被爱没有关系。因为每个人都有自己喜欢的人和物，这是个人的喜好。可能某个人并没有多好，但他就是喜欢这个人，只要他自己喜欢就好。曾经有一个女孩子和我说，她的男朋友非常优秀，正因为这样，她在他面前总是有些自卑，有时甚至不知如何是好，害羞得好像有只小鹿在心里乱撞。如果男朋友挽住她的手，她会很满足，同时也会很紧张。她很怀疑男朋友是否真的喜欢这样的她。有一次，她鼓足勇气把自己的感受全都说出来。男朋友却对她说："对，我早发现了这一点，但我就是喜欢这个有点紧张、害羞的你，我就喜欢这样的你。"

如果对方真的拒绝了，就去接受这种拒绝，再去寻找一个更喜欢的人，寻访下一段恋情。这其中不必有什么羞耻感，也不必有非某人不嫁的想法。毕竟双方都有选择的自由，可以选择接受对方，也可以选择拒绝对方。只有这样看待双方的关系，这种关系才是平等的、互相尊重的。这样，在被对方拒绝时，我们才不至于攻击自己，让自己陷入一种特别悲伤的状态，把一段明明很美好的恋情变成情感上的创伤体验。

当然了，不是每个人天生就会谈恋爱，但只要敢于尝试，最后一定能找到一个能自在相处的人，这个人就是最适合自己的人。

建立深度人际关系，切入点在哪

案例 5-2

我在库房工作，离异，同父母住在一起。我感觉自己无法与任何人建立深度人际关系，也不知道能否和父母建立这种关系。建立深度人际关系一定要有很多共同语言吗？之前在处理人际关系时，我有过相当失败的经验。事情是这样的，我原先在收费处工作，和另一个收费员比谁收的钱多，结果我们闹僵了。一开始我收得比较多，他就不断找我的麻烦，比如向领导告状，说我上厕所的次数太多，又比如非说我在食堂买饭票时多拿了一些饭票，即使我和他一起确认过我没有多拿，他还是坚持原先的说法。我犹豫着是不是应该向他示弱，有时候会故意少收一些钱，让他多收一些，但他并不承认我是在让着他。我很生气，之后该收多少收多少，但他又开始找我的麻烦，最终把我排挤出了收费处。这件事让我对建立深度人际关系感到恐惧，我害怕失败。过去，我也从没与任何人建立过深度人际关系。我想问问：怎样才能建立这种关系？操作起来容易吗？

（引自一位 46 岁女士的自述）

所有人都针对你，这可能吗

怎样才能建立深度人际关系呢？这是一个涉及很多方面的问题。这位女士提出的这个问题让我很惊讶。毕竟到 46 岁这个年纪，很多人都已知道如何与人建立关系，并已有了与人建立关系的模式。可是案例 5-2 中这位 46 岁的女士现在离异，和父母住在一起，看起来很需要并且很想与父母建立深度人际关系，但又不确定能不能这样做。如果 46 岁时还在考虑这样一个问题，说明人际关系真的让她很困扰，以至于想通过与父母建立深度关系，摆脱这种困扰。不过，这是一种缘木求鱼的做法。从青春期到成年，我们应该逐渐远离父母，成为独立的自己。如果成年后反过来倾向于或趋向于和父母建立深度人际关系，说明我们内心在回避与他人建立深度人际关系。这是一种退行，退行到孩子的状态，因而想和父母建立深度人际关系。那么，这种做法的目的是什么？应该是希望自己能像孩子被父母那样对待，或者说能像一个好孩子被好父母那样对待。

这位女士的情况让我想起了齐秦的一首歌《外面的世界》："外面的世界很精彩，外面的世界很无奈。"这位女士应该是看到了外面的世界非常无奈的一面：在那个世界中，那位前同事一直在和她"对着干"。任何人处在这种关系中，都会觉得对方让自己很不舒服，他是来同自己竞争的，自己对他的感觉不够好，认定他是坏人，要和他斗争。这便是我们所说的对立的人际关系。这种人际关系中的对立方一直在伤害这位女士，比如向领导打小报告，污蔑她，陷害她，最终打败了她，对她造成伤害，让她感觉被伤害，仿佛对方的生活重心就是针对她、让她不舒服。

一旦有了这种感受，我们在审视自己与他人的关系时，就会发现这个世界上有很多人甚至所有人都在针对自己。事实当然并非如此。大家都很忙，其他人并没有那么多时间专门针对我们，我们也没有那么重要，以至于很多人都要来针对我们。如果发现很多人甚至所有人都在针对自己，那就不是别人出了问题，而是自己出了问题。那么，我们为什么会觉得很多人都在针对自己、伤害自己呢？不妨从以下几个方面来分析一下。

首先，分析人际关系能带来什么好处。通常，我们之所以建立一种人际关系，是因为从中能够得到一些好处。比如，有了这种人际关系，自己就不会觉得那么孤单，有需要时能从对方身上得到支持，感到无助时能从对方身上得到帮助。除此之外，人际关系还能让我们获得归属感。

其次，要认识到，在特定的人际关系中，对方对待我们的方式在很大程度上由我们和对方的互动决定，也就是说，我们对对方的好坏，决定了对方对我们的好坏。人际关系就是这样一个互动的过程。

最后，分析人际关系中的另一方需要什么。人与人对彼此的需要其实是一致的，人际关系中的另一方也希望得到归属感，希望被人认同。如果关系双方中的任何一方在需要帮助时，都能得到对方的支持与帮助，这种人际关系就是互相获益、互惠共赢的。这是人际关系中的一项重要原则，但是很多人际关系并未遵循这项原则，打破了互惠共赢的局面。打破后的人际关系一定是不和谐的，关系双方一定是不对等或不公平的。

比如，人际关系中的另一方伤害了我们，我们会感到委屈、害怕或强烈的愤怒，可能会因此对对方做出一些带有攻击性的行为或说出一些带有攻击性的言语。就算没有从行为和言语上攻击对方，将这种恨意压在了心里，我们也不可能与敌人或故意针对、伤害我们的人建立良好的人际关系。在这种情况下，如果对方需要我们的帮助，我们不但不会出手相助，甚至还会盼望对方沦落到悲惨的境地。这样双方自然很难建立深度人际关系。

有些人在人际关系中总希望另一方能满足自己的需要，在自己痛苦时安抚自己，在自己感到挫败时包容自己，在自己需要认同时肯定自己，在自己需要展现自我时像热情的观众一样欣赏自己，这很像婴儿对好妈妈的期待。婴儿希望别人做些什么来解决自己的痛苦，满足自己的需要，这就是所谓的婴儿式期待。从认知方面说，这是一种很不合理的期待。

建立深度人际关系的几个障碍

回到案例 5-2，这位女士无法与人建立深度人际关系的原因如下。

第一，给自己贴标签，太在意别人对自己的态度。

在与前同事的互动中，这位女士认为对方对她的评价很低。受到恶劣对待时，很多人都会想到，是不是我做得不够好或不对，所以对方才会如此对待我。这种想法是基于一种经验，而这种经验主要来自幼年时与父母的互动：严厉、苛刻、冷漠的父母不允许孩子犯任何错，如果孩子犯了错，父母绝不会包容和原谅，一定会在第一时间指责和惩罚孩子。在这种互动关系中长大的孩子，会过度承担人际关系互动中的责任，也就是说，当互动中出现了一些不好的感受或不理想的结果时，他们会第一时间把责任揽到自己身上，担心这一切是不是因为自己不够好或做错了什么，并思考自己具体做错了什么。一个人在这种处境中会感到害怕，害怕被对方惩罚或指责，害怕对方会离开自己。

一旦感受到这种害怕，就像落入了四面楚歌的境地。这时再去看周围的人，会觉得周围每个人好像都要伤害自己。这类似于如果你做了一件让自己很羞耻或很惭愧的事，就会觉得周围人看自己的目光都带着恶意、责备、讥讽或不屑。而一个人之所以能从别人的目光中看到这些，主要是因为内心无法接受这个不好的自己，并且责怪自己在一些事情上做得不够好。比如案例 5-2 中这位女士，她说自己不懂得和他人建立深度人际关系，这本身就是给自己贴上了一个标签。一旦给自己贴上了这样的标签，就会对人际关系非常敏感，而这正是建立深度人际关系最主要的障碍。

第二，人际关系中的伤害性经验。

这位女士曾在人际关系中得到了带有伤害性的、被抛弃的经验。一旦有了这种经验，人就一定会预设人际关系的结果，并在和别人建立人际关系时受这种经验的影响。带着这种经验判断或评估对方表现出的态度与姿态意味着什么，这就好比如果有了童年经常被殴打的经验，再看到别人举起手时，就会断定对方要打自己。对方可能只是想过来抚摸或拥抱自己，但自己基于过去被殴打的经验，根本无法正确判断对方的真实意图，只会觉得他要打自己。如果得不到其他真实的检验，这种经验将一直影响这个人，从而影响其与他人互动的意愿。每个人都会根据经验预测互动的结果，甚至直接对互动产生强烈的排斥或对抗他人。

第三，人际关系中的挫败体验。

这位女士还在人际关系中经历了挫败体验，也害怕再次经历类似的体验。她提到自己过去在和人建立人际关系时，经历过一些伤害性体验，这让她很害怕。一旦有了这种害怕的感觉，再去建立人际关系时，就会被这种感觉主导，害怕自己做得不够好，害怕别人会责怪自己，害怕别人会与自己对立。这种害怕会让她在与人交往时战战兢兢，无法展现真实的自己，只会选择在别人面前展现自己的一部分。这会给别人一种怎样的感觉呢？会让人觉得这个人很不真诚。具体来说，比如有个人在我面前表现得战战兢兢，这种战战兢兢的状态向我传达了这样的信息：我害怕你。看到这种情况我就会想，你为什么要害怕我，因为我是坏人还是我对你怎样了？也就是说，对方在我面前表现得战战兢兢，其实是在向我投射一种信息：你是个坏人。我不认同这样的信息，认同它们会让我很难过，很不舒服，甚至可能恼羞成怒。别人有了这种感受，自然会选择疏远她。

第四，人际关系互动中的竞争与敌对。

这位女士的人际关系互动中还充满精神上的竞争和敌对。这种互动模式会演变为指责，演变为指责别人或自己。我们能看到这种人际关系互动并不和平，也不符合常见规则。这位女士将前同事看成竞争对手，前同事向领导告状，找这位女士的麻烦，以及领导最终的裁决等，都体现了这种竞争关系。领导就好像家里的父母，这其中又涉及公正对待问题。这位女士最终被排挤出收费处，因而怨恨领导，认为领导根本不在乎她。在这种互动中，前同事是胜出者，这位女士则是失败者。这类似于这样一种情况：童年时，我们在与兄弟姐妹的竞争中扮演了失败者的角色，并且从此再未摆脱这种角色。我们或许对与自己竞争的兄弟姐妹和不公正的父母心怀怨恨。一方面，我们会指责兄弟姐妹用一些不光彩的手段或一些不公正的竞争方式伤害了我们；另一方面，我们也会怨恨父母不公正，认为他们根本不爱我们。而这种指责的模式在形成后，会一直存在于我们的人际关系中。如果一个人周围的世界都在投射这种模式，的确会令人非常恐慌。

几点建议

现在我们来看看如何建立深度人际关系，有以下几点建议可供参考。

第一，试着了解自己在人际关系中的需求。

我们在和别人交往时都会有自己的需求，比如被认同的需求、归属感的需求、价值体现的需求等。而与我们交往的对方也会有同样的需求。既然这样，我们不妨试着去发现自己和他人美好的一面。如果一个人总觉得自己不够好，是没有办法与他人建立关系的。只有觉得自己是个不错的人，是个有价值的人，在与别人建立关系时，才会比较自信。当然，我们并不完人，但不完美之下还有很多种层次，比如觉得自己还不错。

第二，尝试与他人的感受建立连接。

感受是人类共通的东西：看到老虎，自然会感到害怕；遇到一些让自己特别有成就感的事，自然会感到开心；遇到一些挫折，自然会感到悲伤或无奈。可以尝试与自己的感受建立连接，意识到别人在相同的情况下也会有同样的感受，这样就能真正地达到和别人共情的状态。如果只从表面观察对方的反应及其对待我们的方式，就会忽略对方在那一刻的

第五章　深度关系与内在成长

真实感受。因为如果只看表面，就无法理解隐藏在表面背后的动机，以及引发动机的感受。如果我们能了解对方的感受，再看一些问题时，就会更加包容。

年轻时，我曾因一些工作上的问题和同事吵了一架，甚至还差点动手。之后差不多一个月，我们两个都选择有意忽略对方。其实也不是完全忽略，我每天都在留意他的表现，却假装忽略，用这种方式对他进行无形的攻击。后来有一次，我在工作中受了伤，那个同事正好在旁边，那一刻，他没有任何犹豫，背起我就去了医院。我有些羞愧，当我遭遇困难时，竟然是他帮了我。因为这件事，我们冰释前嫌，我对他充满感激。我曾问他为什么关系这么僵，他还要帮我。他说你受了很严重的伤，必须马上去医院，当时我根本没考虑我们之前吵架的事，我相信如果我受伤了，你也会马上背我去医院。那一刻，他在他和我的感受之间建立了一种连接。这种深度的连接关系就是，他能体会我的感受，看到我的需求，并试着满足我的需求。

第三，先尝试建立比较浅的人际关系。

要建立深度人际关系，不妨从建立一种相对比较浅的人际关系开始。毕竟我们不可能"一口吃成个胖子"，做什么事都要慢慢来。先和他人互相接触，增进彼此了解，才能实现更好的互动。如果从一开始就渴望建立深度人际关系，往往会用力过猛，非但不能如愿建立自己想要的人际关系，反而会破坏双方的关系，毕竟用力过猛必将带来破坏。

第四，先试着与人建立关联，对人产生好奇。

如果童年有过受挫败的经历，过去有过不成功的经验，就会受到不良影响。面对这种情况，我们必须建立新的关系模式，并对其进行检验，检验通过后，新的关系模式才能取代原先那些糟糕、固有的经验，之后才能慢慢建立一种关系。因此，在建立深度人际关系前，要先和别人建立关联，对别人产生好奇，并在这个过程中对新的人际关系模式进行检验，从中获取一些新经验，取代原先的经验。

这里所说的对别人产生好奇，不是只对别人对待我们的方式产生好奇，而是真正关注他的需求、无奈，看到他在感到无力时，会希望有人帮助他；遇到一些不开心的事时，他会感到悲伤；遇到一些意外时，他会感到无助。这才是真正对别人好奇，对别人感兴趣，而不是只关注别人对待我们的方式。如果只关注这一点，就说明我们并没有看到别人，而是在关注自己，考虑如何应付别人。这时我们的眼中只有自己，我们外面的世界仿佛没有别人，或者说外面那些人只是我们用来检验自己的状态是好是坏的"工具"。

其实，建立深度人际关系根本没有捷径，也没什么诀窍，要点在于真诚，在于互动时向对方展现真实的自己。做到了这一点，我们就会发现外面的世界没有想象中可怕，我们完全可能遇到真正接纳、包容自己的人。当我们感受到一些人际关系的美好时，就会对人际关系产生好奇，并且不再感到畏惧，这样才能逐渐改善人际关系。要更多地理解自己，和自己建立连接，感受自己，而不是等对方来帮自己摆脱所有的伤痛、困惑、无奈，更不是通过改变对方来满足自己。我们不能只把对方当成一个能和我们建立关系的好人，因为这样我们只会感受到越来越深的挫败感，最终也无法建立深度人际关系。

告别挑剔的父母，活在当下

案例 5-3

　　我的父母一直对我很挑剔。童年时期，我从父母身上得不到任何爱与回应，只能感受到他们对我的嫌弃，相信很多人都有和我类似的经历。时至今日，我很清楚应该接受现在的自己，告别过去。可我对过去那种痛苦的感觉太熟悉了，会不自觉地沿用过去那种错误的行为模式：不断讨好别人，害怕被抛弃，害怕被批评，害怕被指责。我从未得到过支持和关爱，从小到大听过最多的话是，爸妈辛辛苦苦都是为了我，不离婚是为了我，吵架是为了我，生病是被我气的，一切苦难都是因为我。正因如此，我不敢快乐，害怕快乐，做任何事之前都要先想一想会不会被妈妈骂，被爸爸指责。我知道父母是爱我的，只是爱的方式不对。我很想告别过去，活在当下，轻松地生活，却不知该怎么做。

（引自一位 35 岁女士的自述）

我们为什么会对过去念念不忘

这位朋友提出了一个涉及很多方面的问题。其实，这位朋友在提出问题的同时已经找到了答案：要告别过去，活在当下，这样才能轻松生活。我们常说"不念过往，不惧将来"，这句话好像就是对这位朋友说的。可惜，她在现实生活中的表现正好相反．她一直惧怕过去，念着过去，害怕未来。那么，明知道过去很痛苦，为什么还会念着过去呢？明明知道未来会非常轻松和快乐，为什么还要害怕未来，不努力追寻未来呢？

我们先来分析一下，为什么人会念着过去。挑剔的父母其实对孩子怀有一种愿望，想让他们变成自己理想中的孩子。这些父母之所以挑剔孩子，是因为他们既无法接受现实中不够出色的孩子，也没有能力应付有血、有肉、有思想的孩子。他们可能会牢牢依附于孩子，把自己生活的不如意全都发泄在孩子身上。我们有时能看到父母用这种方式推卸责任。一些父母在没有能力面对生活中的一些苦难和困惑时，往往会把这些都转嫁到孩子身上，让孩子代他们承担。比如，他们生病了，特别恐慌，为了转嫁恐慌，就说被孩子气的。他们没有能力处理婚姻中一些矛盾冲突，想要离婚，但又不敢对破裂的婚姻负责，对他们来说，最好的处理方式就是不离婚。但是，继续维持婚姻又让他们感觉很糟糕，因此他们必须为这种糟糕的感觉找到一个发泄口。这时他们就会把不离婚说成是为了孩子，好像他们非常伟大，在为他人承受苦难一样。

把问题都归咎于孩子的父母显然是在推卸责任。挑剔的父母之所以特别挑剔，正是因为他们喜欢推卸责任，把自己的很多希望都放在孩子身上。显然，以孩子的心智，还没办法理解这一切，只会一方面感觉很不舒服，另一方面又感觉自己对父母很重要。这种虚假的自我价值会深深地在孩子身上留下烙印，让他们觉得父母很需要他们，认为被父母需要就是自己的自我价值所在。并且，成年后，他们依然会这样认为。

　　这就是为什么很多人会对过去念念不忘，因为这代表着对父母的忠诚。而我们能从这种忠诚中得到的好处有两方面。一方面，这让我们相信自己在父母的生命中非常重要，相信自己是他们生命中一个非常重要的人，从而弥补自我价值的缺失。那么，这种对父母的忠诚最高能达到什么程度呢？哪怕父母在十万八千里外，我们还是会按照他们的意愿做事，思考，感受这个世界。

　　父母能从这种忠诚中得到什么好处呢？父母会感觉孩子还是牢牢捆绑在与他们的关系中，继续与他们纠缠在一起，但除此之外也没什么好处了。既然说是一种关系，当然是相互作用、共同协商的结果。我们还是孩子时，可能没有能力厘清这种关系，但成年后通常就能够厘清了。成年后继续保持对父母的这种忠诚，也是在拼命"喂养"父母，让父母无法成长。

我们之所以对过去念念不忘，更多的是想通过与父母的关系抵消对未知世界的部分恐惧与焦虑。这种与父母的关系中包含特殊的陪伴，好像除了父母，我们再也无法同其他任何人建立关系，可是这并不重要，因为只要有父母在，其他任何事好像都无所谓。

另一方面，继续保持对父母的忠诚还会让我们拒绝长大。成年人必须要面对一个复杂的世界。如果没能从小掌握一些能力，没能成长得足够强大，在面对这复杂世界时就会非常痛苦，非常恐慌。可是，如果我们认为造成这种痛苦和恐慌的罪魁祸首是父母，那么这种想法与我们小时候，父母为了推卸责任说他们吵架是因为我们，生病也是因为我们没什么本质区别。如果当时我们认同了父母这种推卸责任的方式，长大后我们就会对自己的痛苦和恐慌心安理得。为什么会心安理得呢？因为我们会以同样的方式把责任推卸给父母，认为父母应该负责，会不断责怪父母过去以那种方式对待我们，让我们变成现在这样。如此一来，我们就不用再面对"自己软弱无能"这一现实了。

正确对待父母之爱

从上文的分析中还能看到一点：我们无法切断与父母的联系，这种联系不是现实中的联系，它主要是一种心理联系，即我们所说的心理期待。这种心理期待是我们与他人保持共生状态最有效的一种手段。共生状态在消除孤独感方面作用很大，比如，小孩子都不愿意离开妈妈。之所以不愿意离开，是因为妈妈给了孩子很多照顾。父母给孩子的照顾，并不需要孩子付出什么努力来换取，不需要孩子独自面对或创造什么。就算是挑剔的父母，也会给孩子这种照顾，"喂养"孩子，帮孩子避免一些可能遭遇的挫折与失败的体验。一旦切断了这根与父母相连的精神脐带，孩子会立刻陷入孤独的虚空。由于没能好好发展与其他人的关系，这种虚空会把孩子吞没。因此，孩子不敢切断这根精神脐带，只能继续沉溺于过去。

　　这样长大的孩子成年后不管做什么，都像是在讨好别人。可这种讨好其实是为了索取，大家要明确这一点。很小的时候，我们都会讨好父母，这样做的目的是得到父母的夸奖或某种安全感。成年以后再去讨好别人，则更多的是为了索取。这类似于我对你很好，你也必须对我很好。因此，继续沉溺于过去，与其说是想让爸爸妈妈再爱自己一次，还不如说是想让别人接受一个不完整或不那么好的自己。如果一个人自己都没办法接受这个不完整、不那么好的自己，却还想让别人接受，未免有点强人所难，或者说非常任性。

　　我分享一段小时候的经历。大约在八岁时，我遇到了这样一件事：有一天，我没做好作业，被老师留堂。那时候我每天中午都要到妈妈工作的地方和她一起吃饭，走过去要花五分钟左右。那边食堂吃饭的时间是固定的，因为我留堂时间比较长，所以妈妈就把一碗饭拿到办公室里等我去吃。被老师留堂让我很沮丧，但我没办法对老师做什么，否则可能会受到严厉的惩罚。去找妈妈的路上，我心里充满愤怒，但我自己并没有发觉这一点。见到妈妈后，她把饭拿出来，用很关切的眼神看着我。我非常委屈，却没办法表达出来。虽然很饿，我却直接把那碗饭扔在了地上，好像是妈妈做错了什么，惹我生气了一样。我扔了饭就走了。

现在重新审视这件事，我明白自己当时无法承受现实中的一些压力，需要有一个人来帮我承担，而这个人就是妈妈。妈妈曾在我幼年时对我很冷漠，也曾对我做过其他一些不好的事，但在这件事情上，她没有任何错。她牵挂着还没吃饭的我，特意把饭拿到办公室等我来吃，够对我负责的了，而且我相信她这样做时一定带着温暖的爱。可在那一刻，我无法真正感受到妈妈对我的爱，而是想到妈妈好像没办法帮我分担一些情绪。当时，她还问了我一句："你怎么来得这么晚，是不是又被老师留堂了？"在那种情况下，对我而言，她的问话就像一种带着取笑意味的指责。可事后再回想当时的细节，回想妈妈脸上的表情，当她把带着余温的饭递给我的那一刻，我想象着她把饭端回办公室，不断看时间，焦急地等我过来，这时发现，妈妈是真的爱我，她没有想要指责我或取笑我。

案例 5-3 中这位朋友也提到了"我知道父母是爱我的，只是爱的方式不对"，这是一种理智的分析。让我们分析一下，爸爸妈妈对我们除了挑剔和指责，除了那些让我们无所适从的做法，有没有做过让我们感觉特别温暖的事？一定有的，这些事让我们从父母身上得到了被爱的体验。如果一个人从小到大都没有被爱过，父母对他只有挑剔、指责，甚至威胁要抛弃他，如果真是这样，这个人不可能活到现在，就算活到现在也会有精神问题，或者待在父母身边终生无法离开，只能与父母捆绑在一起。

我们在确定爸爸妈妈是否爱我们时，不要只用头脑想，而要多体会那些让自己感到被爱的温馨场面，感受被爱的力量。毕竟大家都是普通人，爸爸妈妈也都是普通人。我们无法选择自己的爸爸妈妈，但能选择原谅或体谅他们。当然，用到原谅、体谅这样的词语时，我们与父母的地位好像并不平等。说原谅父母时，我们的地位好像比父母高，权力好像比父母大。说体谅父母时，我们又好像把自己的地位放得很低，又变成了一个孩子，想要讨好父母。

告别过去，面向未来

之前已经说过了，父母是什么样的人，过去以什么样的方式对待我们，都已成为过去。尽管这些经历可能对我们有很深的影响，但在成年后离开父母的那一刻，通常我们已经可以独立生存，不需要再依赖他们。在那一刻，我们完全可以为自己做出一个选择。告别过去最好的方式就是为自己选择一个未来。成年后，我们每个人都有思考的能力，也有观察自己的能力。这时，不妨通过做这样几件事，与过去告别。

首先，问问自己为什么不敢做这个，不敢做那个，真的是因为担心父母会责怪我们吗？有什么证据能证明这一点？这样一问，很多认知就会在瞬间变得清晰，过去的很多想法可能都经不起这样的检验，找不到任何证据。至于其他不好的感受，比如惧怕这个，惧怕那个，同样可以用这种方式向自己提问。

其次，要厘清楚哪些事情是自己的，哪些事情是父母的。因为如果和别人纠缠在共生关系中，人会经常处于这样一种状态：你的事情就是我的事情，我的事情也是你的事情，我应该承担你的情绪，你也必须承担我的情绪。现在我们需要厘清一点：一件事既然由我自己做出选择，就是我的事，和我的父母毫无关系。所谓毫无关系，是指哪怕将来这件事会变得相当困难或出现其他情况，我也不会再推责给父母，而是要独自面对一切。怀着这样的想法，我们可能会感到很悲壮、很伤感，但不管怎样，至少这种想法让我们有了勇气，不再害怕面对未来。

再次，要走出痛苦的舒适区。这里所谓痛苦的舒适区，就是不断抱怨过去父母对待我们的方式。不断抱怨父母其实很痛苦，可是正因为有了这些抱怨，我们似乎可以理直气壮地停滞不前，什么都不做。在抱怨的过程中，我们好像不必再受自己本应面对的真实世界的影响和伤害。因为抱怨时产生的痛苦反而保护了我们，让我们不愿再向前迈进哪怕一小步。在心理咨询方面，有一项原则叫小步子原则或螺旋上升原则，也就是说每次进步一小步，就有可能后退两步。可是这不要紧，最起码我们能够迈出这一步，能打破自己的舒适区，尝试用新的方式对待外面的世界，这样就有可能改变自己的认知，进行认知重建。当情绪到来时，我们不再只关注情绪本身，而是心平气和地与之相处一段时间，它愿意来就来，愿意走就走。恐惧就只是恐惧，我们不会再泛化这种情绪。

我常对来找我做心理咨询的朋友说，我知道你的恐惧确实是一种恐惧，那么这种恐惧最终会变成什么样呢？对方会说，最终会变得更加恐惧。我说，这种恐惧会让你死去吗？对方听后会思考一会儿，之后有时会笑起来。为什么思考会让他发笑呢？因为对婴儿来说，有些恐惧可以直接淹没他，扼杀他的生命。婴儿被母亲抛弃时的恐惧不只代表情绪上的恐惧，他会真的因此死云。可对一个成年人来说，哪怕别人离开你，你也可以自给自足，自己照顾自己。我们经常会带着过去的经验面对现在的人生，也用过去对世界的恐惧面对现在的生活。其实，我们已经有能力面对一切，只是无法安然地享受这种能力。遇到困难时，若能通过自己的努力解决困难，就会体验到一种切实的成就感。然而，一直处在恐惧中，就不会付出这样的努力，也就不会体验到成就感。通过自己的努力解决困难，便是我们所说的打破痛苦的舒适区。

最后，必须对自己和父母的关系做一个了断。即我们能从认知层面上看到父母过得很不如意，所以会用过去那种方式对待我们，而我们不希望变成他们那样，我们并不认同他们。这便是割裂与父母的关系的最好方式，具体来说，我们不愿变成父母那样的人，整天抱怨、吵闹，同时又十分胆怯，不敢面对现实。现在我们想拥有自己的人生，不再认同父母。不过，这种不认同并不表示我们一定要在现实生活中怒气冲冲地找到父母，让他们离我们远一点，绝对不是这样的。而是说，我们有自己的人生，他们也有他们的人生，我们无法改变他们的人生，但也不想再被他们的人生影响。

有一个很好的方法可以帮助我们了断这种关系：把自己想对父母说的话全都写在一张纸上，注意是所有想说的话，只要想得到，全都写下来，变成给父母的一封信。同时再写一封信给自己，在信中给自己一个期许、一个愿望，再给自己一个承诺。写完这两封信后，再看一下，重新感受一下，然后找个时间把它们烧掉。这就像为重新选择自己的生活举办了一个仪式。有些人可能会举办别的仪式，甚至会给自己改一个名字。因为听到别人叫自己的名字时，小时候那些不好的体验会再次回到身上，那种特别痛苦的旧模式会重新找上门来。改了名字就像获得了新生，代表我们将以一种新的身份面对一个新的世界，得到一种新的体验。另外，这样做也能给自己一个时间节点，明确自己在什么时候迈出了这一步。

做到上述几点，我们就能真正体验与过去告别。最重要的是，在与过去告别时，对待自己的方式也要发生改变。比如过去特别任性，任由自己幻想、痛苦，任由自己不断被指责、挑剔，但是现在可能就要对自己进行一些小小的节制。这种节制可能是在饮食、运动方面，也可能是在与他人的关系方面，包括有意识地节制自己的情绪、自己看待他人的方式、自己对他人的评价等。

开始做出节制后，我们会迎来一次重大的突破。有了突破的经验，之后便能不断制造类似的经验。这就好像明知道做一件事可能会犯一些错，但我们还是勇敢地去做了。当错误出现后，我们就告诉自己这是我的事，不用在意其他人怎样评价我，我只需对自己负责。这就好像打碎了一件东西时，第一反应不是看别人的表情，而是考虑这件事已经发生了，接下来应该如何处理。这种行为模式一旦建立，就和原先的模式完全不同了。

对自己而言，这种改变是一次重大事件。事件发生后，我们可以重新体会一遍这种心路历程，从中寻找与平时或以往不太一样的新体验。一旦找到了，就牢牢记住这种新体验，然后让这种体验延伸至生活的方方面面，包括人际关系、工作、与父母相处的方式等。

不过，跟过去告别不是一蹴而就的，并不是说我们有一个问题，然后提出来，就会有人能解答。相反，我们要不断尝试，不断寻找，不断检验，不断体会，经历一个漫长的过程，然后才能找到答案。在这个过程中，我们可能会经历一些相当痛苦的事，但只要有勇气面对，我们就能接受自己过去的一切。我们不需要否认、指责过去，或用挑剔的眼光看待过去。只需要知道，过去是真的过去了，现在我们只想选择自己想要的将来。

　　有些痛苦会让我们沉溺于过去，但这些痛苦并没有太大意义，至少对我们的人生没有太大的帮助。而有些痛苦却是我们在不断挑战、不断努力的过程中遭遇的，这些痛苦至少能对我们的生命产生积极的影响。我们可以选择承受哪种痛苦。与其沉溺于不如意的过去，承受其中的痛苦，倒不如尝试挑战未知的未来，承受挑战过程中的痛苦。承受后一种痛苦表示我们正在努力，这样的痛苦才是值得的。

要学会感受别人的爱，并去爱别人

案例 5-4

我家有我和弟弟两个孩子。受父母的工作影响，我上初中前一直住在外婆家，弟弟和父母住。两家相距不远，父母周末偶尔会带我和弟弟出去玩。我上初中后开始和父母住，但平时在学校寄宿，只在周末回家。如今我工作了，离家也很远了。去过我家的朋友都说父母对我很好，但我却感受不到父母的爱。小时候，我最喜欢外婆，现在每次回家都想好好陪陪她。可一回去听到她的唠叨，我就会很不耐烦，觉得她对我的爱没有小时候那么深了。而每次和外婆告别后，我总会感到愧对她。我觉得自己很自私，不会付出感情，没有几个交心的朋友。我曾谈过一个月左右的恋爱，明明很爱对方，满腔热情，却不知道怎样按照对方喜欢的方式爱他，最后无疾而终。我想问问：怎样才能感受到别人的爱，并学会去爱别人？

（引自一位 24 岁女士的自述）

相见不如怀念——"回避型依恋"

案例 5-4 中的女孩提出了一个十分复杂的问题，我们可以试着从头开始分析整件事。

首先，分析一下这个女孩为什么会变成这样。

孩子在很小的时候离开父母，这不可能是孩子本人的选择，只能是父母的选择，而孩子也只能接受父母的选择。这样的孩子可能会对父母怀有非常复杂的感情。长大以后，他们可能会理解父母的无奈，可在当时，他们会产生被抛弃的感觉，这种感觉会让他们深感恐慌。日后与人相处时，一旦这种感觉再次来临，他们就会做出相应的反应。一个人之所以无法与人建立关系，就是因为害怕这种关系断裂，也可以说害怕在这种关系中再次体验到被抛弃的感觉。

案例 5-4 中的女孩无法与别人建立关系并不是她的错，而是她内心创伤性的体验在影响她。她如果能弄清楚这一点，就不会随意贬低自己，不会责怪自己特别自私，也不会把没有多少知心朋友归咎于自己。

其次，分析一下"弟弟能与父母一起生活、玩耍，自己却不能"对一个孩子来说是怎样的体验。

我也有过类似的经历。我家有我和弟弟两个孩子。小时候，弟弟生病，父母为了照顾他，把我送到奶奶家。虽然奶奶很爱我，但我一想到弟弟同父母生活在一起，内心就会有种失落感。我甚至会对父母感到愤怒，会责怪他们。我不能将这种感受表达出来，担心父母会不高兴，会对我更不好。于是，我一直压抑着自己的情绪，把它埋藏在心里。有时候，我反而会对父母"以德报怨"，比如我会表现得更懂事，更能干，好让父母觉得我对他们、对这个家很有价值，这样他们可能就会把我接回去。我一直在照顾父母的感受，这对我很不公平。

请试着分析，我们在这种情况下对别人好，主要是为了什么呢？是为了找到归属感。对我来说，就是我要回家，回到父母身边。在人际交往和亲密关系中，有些人会自然表现出类似于照顾别人或讨好别人的状态。这并不是有意为之，更多的是一种反应模式在发挥作用。

再次，我们来谈谈母爱。母爱是无条件的。如果说人的内心像一个蓄水池，那接受这种无条件的爱就像慢慢向池里注水。如果我们内心的蓄水池有很多水，就能分一些给别人。如果发现自己没办法给别人爱，我们可以推断，自己的内心本就缺少爱。我们要承认这一点。在这种情况下，不能一味地要求别人给予爱，只有婴儿才会这样做。况且这种无条件的爱可能只有母亲才能给予，一旦错过时机，就再也不可能得到。我们要有勇气承认自己再也无法得到这种爱了。

最后，若心存恐惧，我们就会与别人建立一种比较奇怪的关系。这种关系有点类似于小时候的依恋关系，大致分为三种类型：安全型、矛盾型、回避型。我倾向于认为，案例 5-4 中的女孩与别人建立的是回避型依恋关系。她缺少知心朋友，因为她没办法与人亲近。和别人亲近会让她感到焦虑，不确定别人将会怎样对待自己。而回避却能带给她安全感。这种回避型依恋关系当然存在一些矛盾，比如女孩与外婆的关系就变成了"相见不如怀念"，也就是外婆在女孩的想象中可爱可亲，非常爱自己，但真正见面时，外婆提出一些小小的要求都会让女孩难以接受，好像外婆对她的爱并非无条件，这让她感到挫败或失落。

几点建议

那么，她该如何解决这一问题呢？我有以下几点建议。

第一，要学会原谅。所谓原谅，并不是把自己遭遇的事情合理化，而是以这样一种态度对待自己的遭遇：我仍对此怀有不满与愤怒，但它已成为过去，无法重来；我不想追究责任，虽然我明白是谁造成了我当前的困境，但我已长大，会用自己的方式应对困境；我选择原谅，更多的是一种态度，与他人的对错无关。

第二，要学会放弃。所谓放弃就是放弃这样一种渴望：从别人那里得到无条件的爱。成年人不可能得到这种爱，因为成年人的关系是相互合作，彼此付出，这其中包含着资源交换。何谓资源交换？当别人送上礼物时，你可以高高兴兴地接受并道谢，让对方感受到他对你的价值，这就是一种资源交换。你也可以拒绝接受，因为你没办法成全对方。爱也是一种成全。

第三，要学会切断。你要从心里切断和内在父母的连接。你的内在父母当时可能抛弃了你，对你不闻不问，让你感觉特别孤单。一定要与这样的"父母"切断连接，因为这样的"父母"对应的是一个被抛弃的孩子，一个很孤独、很想回家的孩子。不切断这种连接，自己就无法摆脱过去的思维、想法和感受。当真正切断这种连接时，你可能会体验到一种非常强烈的悲伤，但悲伤会让过去成为过去，过去了也就没有了。

第四，要接受现实。我们不需要妄自菲薄，也不需要自我责备。同时，事情已经过去，责怪他人同样毫无意义。现在，你的父母对你很好，可能是出于过去对你的愧疚，也可能是真的爱你。不管怎样，我们都要接受。这就是我们真实的父母，我们不可能改变什么。我们与父母的关系有些疏远，彼此不够信任，这是事实，我们没必要对此做出过多评判。作为成年人，我们可以主动选择对父母的态度，以及对身边人的态度。要有勇气重新选择自己的态度。

若能做到以上四点，我们就会发现自己和别人的关系正在慢慢发生改变。我们必须有勇气做出新的尝试，不要怕犯错误，也不要怕受伤害。只有这样，才能走出原先的生活方式，成为更好的自己。我们的人际关系会逐渐改善，我们会结交更多的朋友，同他人的关系也会越来越好，会对他人投入真情实感，最终我们的生活会变得更加美好。